基于核心素养的小学语文生本教育

赖菊香 著

吉林人民出版社

图书在版编目（ＣＩＰ）数据

基于核心素养的小学语文生本教育 / 赖菊香著 . --

长春 : 吉林人民出版社 , 2019.12

ISBN 978-7-206-16849-9

Ⅰ . ①基… Ⅱ . ①赖… Ⅲ . ①小学语文课—教学研究

Ⅳ . ① G623.203

中国版本图书馆 CIP 数据核字 (2020) 第 003711 号

基于核心素养的小学语文生本教育

JIYU HEXIN SUYANG DE XIAOXUE YUWEN SHENGBEN JIAOYU

著　　者：赖菊香

责任编辑：田子佳

助理编辑：桑一萍

封面设计：李　明

吉林人民出版社出版 发行 (长春市人民大街 7548 号 邮政编码: 130022)

印　　刷：长春市昌信电脑图文制作有限公司

开　　本：787mm × 1092mm　　　　1/16

印　　张：9.5　　　　　　　字　　数：154千字

标准书号：ISBN 978-7-206-16849-9

版　　次：2019 年 12 月第 1 版　　印　　次：2019 年 12 月第 1 次印刷

定　　价：39.00 元

如发现印装质量问题，影响阅读，请与印刷厂联系调换。

前　言

　　语言建构与运用、文化传承与理解、思维发展与提升、审美鉴赏与创造，它们共同构成了语文学科的核心素养。《义务教育语文课程标准(2011)》指出："语文课程致力于培养学生的语言文字运用能力，提升学生的综合素养，为学好其他课程打下基础……为学生的全面发展和终身发展打下基础。"生本教育理念的提出，促使教师在教学实践中积极行动起来，努力提高自身的素质，努力使课堂教学氛围、教学过程等活跃起来，让学生在课堂学习的实践中真正行动起来，在具体、生动、形象的学习体验中，有效地提高语文核心素养。

　　小学阶段的语文学习，学生的知识处在原始积累阶段，在此过程中，学生的语文知识的学习重点集中在知识的原始积累过程中，在积累实践中学生逐步培养起语言构建能力，并初步获得对文化的理解能力。在语言建构和文化理解能力提升的基础上，学生的思维得到有效发展和提升，学生的审美鉴赏能力也得以进一步发展。

　　新课程理念下的语文教育应致力于学生的全面发展和进步，为学生的终身发展打下坚实的基础。生本教育改变了传统教育中学生被动式、接受式的学习体验过程，将学生的学习体验转化为学生主动学习式、积极探索式的学习体验过程。学生在学习实践中的参与度决定了学生的学习效果。生本教育理念在小学语文教学实践中的应用，能够有效地激发学生在语文学习实践中的兴趣，提高学生在学习过程中的参与度，促使学生在积极学习、努力探索的实践中，有效提升自身的语文素养。

　　鉴于此，笔者撰写了《基于核心素养的小学语文生本教育》一书。本书共有六章。第一章阐述了语文核心素养的基础理论研究，包括小学语文核心素养相关概念的界定、小学语文核心素养的表现维度分析以及语文核心素养的培育对小学语文教学方法的要求。第二章论述了生本教育的基础理论研究，包括生本教育的阐释、生本教学目标与规律、生本教学的基本观点与思想。第三章对生本教育理念在小学语文课堂教学中的应用进行了探索，包括生本教育理念影响下的课堂教学、生本课堂的含义与生本课堂教学模式、生本课堂教学的理论基础探索、生本教育理念应用于小学语文课堂教学的有效策略。第四章对生本教育理念在小学语文古诗教学中的应用进行了研究，包括古诗教学的阐释、小学古诗教学主要存在的问题以及生本教育理念应用于小学语文古诗教学的有效策略。第五章论述了生本教育理念在小学语文阅读教学中的应用，包括生本教育理念融于小学语文阅读教学的合理性、小学语文阅读学习的心理过程分析以及生本教育理念应用于小学语文阅读教学的有效策略。第六章诠释了生本教育理念在小学语文写作教学中的应用，包括基于生本教育的作文教学、激发小学生语文写作兴趣的有效策略以及生本教育理念应用于小学语文写作教学的有效策略。

总之，基于核心素养的小学语文生本教学，应建立在学生的主体地位被有效激发的基础上，在学生的自主、合作、交流过程中层层推进、逐步体现，在丰富的学习体验和心理体验过程中，促使学生的语文核心素养得到有效的发展和提升。

本书有两大特点值得一提：第一，科学性。本书综合语文核心素养、生本教育等最新的研究成果，探讨了当代小学语文中融入生本教育理念的可行性以及策略。第二，实践性。本书撰写的原则是理论与实践紧密结合，使学习者在提升语文教学水平的同时，树立起生本教育理念。

作者在撰写过程中，借鉴了许多专家和学者的研究成果，在此对这些专家与学者表示衷心的感谢！语文教学涉及的内容十分广泛，尽管作者在写作过程中力求完美，但仍难免存在疏漏，恳请各位专家批评斧正。

赖菊香

2019 年 10 月

目 录

CONTENTS

第一章

语文核心素养的基础理论研究

第一节　小学语文核心素养相关概念的界定

一、核心素养

"核心素养"作为 21 世纪教育领域的价值追求，强调培养个体适应自身成长和社会发展的必备品格和关键能力，其最早由欧盟等国际组织提出，后来美国政府提出 21 世纪技能，我国也提出中国学生发展核心素养。尽管各国对于核心素养的具体表述不同，但其核心追求都是为了培养公民适用于个人终身发展和面对未来复杂多变的社会生活所需的基本素养和关键能力。本研究基于各国对核心素养的共同价值追求，结合笔者个人的理解，对"核心素养"这一概念做了进一步的界定。

所谓的核心素养并非一般的基本素养，而是一般基本素养的灵魂和精髓，是一种可迁移的、整合性的、高阶的、情境性的素养。它强调的不仅仅是横向的人的发展的全面性，还是纵向的个体发展的生长性。客观世界的规律性决定人的发展的规律性，个体发展的阶段性和顺序性要求教育教学应循序渐进，因此，核心素养也并非天然生成，而是伴随着教育对人的成长的作用逐渐发展来的。核心素养的生长性是在基础知识、能力、态度的综合化过程中逐渐形成的。

随着知识的丰富、能力的提升和态度的形成，个体逐渐具备初步的适应能力和解决实际问题的能力，该能力经过个体成长经验不断的整合，在实践过程中由一种情境逐渐迁移到另一种情境，进而内化成一种素养。个体的发展具有无限可能性，素养的内化在个体"学、思、行"的过程中不断升华，进而升华为素养的灵魂和精髓，这一过程就是核心素养在个体发展过程中的生长性和整合性。

教育教学和个体成长的曲折性与发展性相统一，体现了核心素养生长的动态性，因此，教育教学绝不能停留在静态的知识与技能层面，无论是开展学科课程还是活动课程，教师都应引导学生直观质感地体验学习过程的鲜活魅力，使学生能够切身感受智慧之美、向往智慧之学，这样，核心素养这一教育的价值诉求才能达到事半功倍的效果。

因此，核心素养是个体在基础知识、基本能力和基本态度综合、内化、升华后逐渐生成的，再经过个体"学、思、行"这一过程被提炼为一种适用于各种情境的关键能力和必备品格。这种关键能力和必备品格不仅适用于个体终身发展和社会变迁，还将不断生长，在遵循自然规律的基础上，利用自身的能力和已内化的素养改造世界，创造更大的社会利益。

二、语文核心素养

2017 年版《普通高中语文课程标准》将"语文核心素养"提炼为语言建构与运用、思维发展与提升、审美鉴赏与创造、文化传承与理解四个方面[①]。

2017 年版《普通高中语文课程标准》是在 2003 年版实验稿的基础上修订的，旨在提高母语教育质量，加强国家文化软实力。落实与细化立德树人的总目标，又将语文教育推向新课改的最前沿，因此，培养学生的语文核心素养在语文教育中占有举足轻重的地位。

关于"语文核心素养"的内涵，学者们持有不同的观点。

（1）第一种观点是基于"语文核心素养"与"语文素养"的关系进行探讨，认为"语文核心素养的培养，以语文素养的形成为基础，有机地结合学生发展核心素养的指标，从中提炼出语文核心素养的精华和灵魂"[②]。

（2）第二种观点则认为"语文素养泛化了语文学科的本质，与语文核心素养所强调的语文教育过程中形成的必备品格与关键能力不能相提并论"[③]。

第二种观点基于"语文核心素养"和"语文课程目标三个维度"之间的关系来探讨。这种观点指出"知识、能力、态度的综合化形成核心素养，因此，核心素养具有高迁移性与高生长性。语文核心素养的外延理应包括知识体系中的核心知识、能力体系中的核心能力、态度体系中的核心态度"[④]。

这一观点具有很强的说服力，将语文核心素养和语文三维目标相联系，既有具体的语文课程目标的含义，又有抽象的语文课程理念的意蕴，二者相

① 王宁. 普通高中课程方案和课程标准修订解读 (3) 实施《普通高中语文课程标准》(2017版) 的关键问题 [J]. 人民教育，2018(06): 38-40.
② 丁文静，韦冬余. 试论语文核心素养的含义、特征及培养策略——基于研究性教学模式理论的分析 [J]. 现代语文 (学术综合版), 2016(06): 80-81.
③ 杨若男. 语文核心素养研究 [D]. 石家庄: 河北师范大学，2017.
④ 程先国. 语文核心素养的核心是什么 [J]. 语文教学通讯，2016(14): 11-13.

互联系，前者蕴含后者，后者是前者的具体化。语文教育需要课程理念和课程目标相互统一，才能发挥更大的功效。因此，将语文核心素养与语文课程目标的三个维度相联系是对语文核心素养的科学性解释，三维目标有机结合、相互交融。

2011年版《义务教育语文课程标准》对语文学科课程目标的设计思路和呈现方式做了具体的表述，纵向上设置九年一贯的整体性课程目标，在"总目标"之下设置1—2年级、3—4年级、5—6年级、7—9年级四个"阶段目标"；同时，横向上设置五个并列、协调的综合化板块，包括"识字与写字"、"阅读"、"写作"（1—2年级为"写话"，3—6年级为"习作"）、"口语交际"和"综合性学习"五个方面的具体要求。

这样，"横向目标"和"纵向目标"纵横交织，在知识与技能、过程与方法、情感态度与价值观三维目标的交融下语文学科课程目标成为一个协调、立体的生命体。而语文学科核心素养在这样一个立体生命体中进一步凝练和生长，渐渐形成满足自身未来发展和社会发展所需的具有语文学科特点的必备品格和关键能力。

第三种观点认为，"语文核心素养"是"语文素养"与"人的全面发展素养"综合化而来的。"语文素养"对学生语言知识、语感、识字写字技能、阅读技能、写作技能、口语交际技能及正确运用语言文字等方面提出具体的要求，这样的要求本身就涵盖个人素养的各个方面，如思维、品德修养、审美、人格等，再生搬硬套加入人的全面发展素养，无非更加泛化了语文教育。

另一方面，"人的全面发展"是指素质教育强调人的德、智、体、美、劳诸育和谐发展，既强调教育的整体性又有发展个性的含义，人的全面发展是现代教育的共同追求，核心素养是在此基础上的升级，当教育所培养的人的质量已达到一定的水平，素质教育的要求也应相应升级。

核心素养正是人的全面发展、素质教育、三维目标的强化升级版，它更强调培养关键能力和必备品格。语文核心素养，并非"语文素养"与"人的全面发展素养"的简单集合，语文核心素养不是素质教育理念虚浮于语文教育之上，而是语文教育掷地有声的育人价值作用于学生的表征和实现，蕴含语文课程人文性和工具性相统一的基本性质，体现了语文学科"语言性"的本质。

综上所述，"语文核心素养"是指学生接受特定学段语文学科教育过程中，通过对语文核心知识、语文核心技能、语文核心态度的吸收、综合、内化、升华渐渐形成的满足自身未来发展和社会发展所需的具有语文学科特点的必备品格和关键能力，是语文课程纵向目标和横向板块交织，并与三维目标相交融形成的立体有机生命体，体现了语文学科"语言性"的本质，蕴含语文学科的育人价值。

三、小学语文核心素养

(一) 小学语文核心素养内涵界定的四个维度

以 2011 年版语文课标为基准，参考 2017 年版语文课标对语文核心素养的解读，笔者对小学语文核心素养的内涵界定同样分为四个维度，分别是：听说与读写能力、思维发展与提升、感受与鉴赏美、了解与传承文化。

1. 听说与读写能力

语言建构与运用是指学生在丰富的语言实践中，通过主动的积累、梳理和整合，逐步掌握祖国语言文字特点及其运用规律，形成个体言语经验，发展在具体语言情境中正确有效地运用祖国语言文字进行交流沟通的能力。[①]

这一维度在小学阶段的体现是小学生口头语言的听、说能力和书面语言的读、写能力。综合"听、说、读、写"这四种能力，把它们与小学语文教学充分融合，小学生的语文核心素养才能适时地得到培养和提高，从而在小学生的语文学习和终身发展中起到基础性的作用。

2. 思维发展与提升

思维发展与提升是指学生在语文学习过程中，通过语言运用，获得直觉思维、形象思维、逻辑思维、辩证思维和创造思维的发展，以及深刻性、敏捷性、灵活性、批判性和独创性等思维品质的提升。[②]

思维发展与提升这一素养在小学阶段的体现是指小学生在语文学习的

---

① 中华人民共和国教育部：普通高中语文课程标准 [Z]. 北京：人民教育出版社，2017：5.
② 中华人民共和国教育部：普通高中语文课程标准 [Z]. 北京：人民教育出版社，2017：5.

过程中，能够存在疑问和思考，逐渐掌握学习语文的方法，养成良好的学习习惯，从而促进自身的创造性和逻辑性等思维的发展。

3. 感受与鉴赏美

审美鉴赏与创造是指学生在语文学习中，通过审美体验、评价等活动形成正确的审美意识、健康向上的审美情趣与鉴赏品味，并在此过程中逐步掌握发现美、创造美的方法。①

在小学生的全面发展中，美育起着至关重要的作用，小学语文教师应该注重小学生感受美与鉴赏美的能力。通过教材文本、文学作品、课外阅读等，让学生感受不同时代背景下的人物形象，培养其审美情趣。

4. 了解与传承文化

文化传承与理解是指学生在语文学习中，继承和弘扬中华优秀传统文化、革命文化、社会主义先进文化，理解和借鉴不同民族和地区的文化，拓展文化视野，增强文化自觉，提升中国特色社会主义文化自信，热爱祖国语言文字，热爱中华文化，防止文化上的民族虚无主义。②

文化传承与理解这一维度在小学语文中的具体体现为小学生能够在语文知识的学习中增强对祖国文化的认同感，了解与传承文化，学会用批判的眼光看待外来文化。只有使小学生感受到中华文化的博大精深，他们才会有意愿和能力继承与发扬中华优秀传统文化，从而建立起文化自信和民族文化认同感。

(二) 小学语文核心素养的基本特征

小学语文核心素养的基本特征有以下几个。

1. 小学语文核心素养的基础性

《义务教育语文课程标准》中指出："语文课程应致力于学生语文素养的形成与发展。语文素养是学生学好其他课程的基础，也是学生全面发展和终身发展的基础。语文课程的多重功能和奠基作用，决定了它在义务教育阶段的重要地位。"因此小学语文核心素养区别于其他学段语文核心素养的主要特征就是基础性，主要体现在两个方面。

---

① 中华人民共和国教育部：普通高中语文课程标准 [Z]. 北京：人民教育出版社，2017：5.
② 中华人民共和国教育部：普通高中语文课程标准 [Z]. 北京：人民教育出版社，2017.

第一，小学语文核心素养是掌握其他课程的桥梁，也是学生全面发展和终身发展的基础。虽然关于语文学科工具性与人文性属性的争论还未停息，但是语文交际工具的特性是毫无疑问的，学生通过学习语文，掌握国语，将其作为其他学科课程学习的基础和认识世界的重要工具。

在学校课程中无论是师生对话、间接知识经验的学习，还是直接经验的体验都离不开语言工具，因此语文是学习其他课程的桥梁。同时小学语文核心素养中对语言能力、语文思维、审美意识、文化理解等的培养都与学生未来的生活密切相关，因此小学语文核心素养是学生全面发展和终身发展的基础。

第二，小学语文核心素养是高学段语文核心素养养成的基础。语文核心素养的形成是一个循序渐进、逐步加深的过程，在不同的学段有不同层次的要求。而小学作为义务教育阶段学生语言发展的关键期，更应注重其基础性，为后续语文学习打下基础，为语文核心素养的提高奠定坚实的基础。

2. 小学语文核心素养的情境性

所谓情境，是指作用于学习主体，产生一定的情感反应的客观环境。[①]

任何知识的意义都不是仅由其本身的陈述来表达的，而是由其所位于的整个意义系统来表达的。离开这种特定的境域，既不存在任何知识，也不存在任何的认识主体和认识行为。[②]学科素养的生成需要情境性，尤其是以工具性和人文性为根本属性的语文，在核心素养的培养上更要重视其情境性特征。

小学语文核心素养离不开特定的情境，存在于一定空间、符号体系、文化形态中，需要在一定的语言情境和交际情境中才能外显。脱离了具体的语言情境和交际情境，我们就无法判断学生语文核心素养的真实状况。因此在语文教学中创设多样化的情境对小学语文核心素养的培养具有重要价值，如生活情境、阅读情境、问题情境、角色情境、游戏情境等。

3. 小学语文核心素养的生成性

对于生成的概念，有哲学理解与教育学理解。

在哲学范畴来看，"生成"意味着"变化"，是某种物质到其他物质变化

---

① 郭振南. 小学语文情境教学的研究 [D]. 长春：东北师范大学，2010.
② 石中英. 教育哲学导论 [M]. 北京：北京师范大学出版社，2004.

的过程性展现。

在教育学范畴来看，"生成"是一种教育思维，包括知识内容的传授、生命内涵的领悟、意志行为的规范，并通过文化传递功能，将文化遗产教给年轻一代，使他们自由地生成，并启迪其自由天性。[①]

从这里可以看出，生成是教育过程的理念阐述，体现了动态的教育过程。而小学语文核心素养的生成性是相对于传统的语文词汇、语法传授而言的，是基于情境性学生核心素养逐步养成的过程。

小学语文核心素养的形成不是简单的知识传授的过程，而是学习主体与环境相互作用过程中，情感、体验、意志、反思的生成过程，强调主体的主动参与性。

小学语文核心素养还兼具其他素养一般性特征，如综合性、发展性、个体性等，但是就本研究而言，其最突出的特征是基础性、情境性、生成性，这些特征不仅有助于理解小学语文核心素养的内涵意蕴，也能为后面研究提供一定理念支持。

第二节　小学语文核心素养的表现维度分析

一、语文核心素养的表现维度

关于"语文核心素养的表现维度"这一问题，在2017年版《普通高中语文课程标准》尚未正式颁布之前，不同学者针对语文核心素养的表现维度提出各自不同的观点。人们对此的认识经历了从二维框架到三维、四维框架的演变。

持有语文核心素养二维框架的观点如："语文核心素养由语言能力和人文修养双维框架构成，具体表现为三个方面，即情感、态度、价值观；审美情趣；文化底蕴。"[②]

持有语文核心素养三维框架的观点如："关键的陈述性、程序性与策略

---

① [德] 雅斯贝尔斯. 什么是教育 [M]. 邹进，译. 北京：生活·读书·新知三联书店，1991.
② 孙双金. 试谈语文核心素养及其培养 [J]. 七彩语文 (教师论坛)，2016(05)：4-7.

性知识构成核心知识；从类型上的阅读能力与交流能力，从生长角度的思维能力，它们共同构成核心能力；认同度与热爱度构成核心态度。"①

关于语文核心素养四维框架的表述，最具权威的是王宁教授在2017年版《普通高中语文课程标准》中的表述。其将"语文核心素养"提炼为语言建构与运用、思维发展与提升、审美鉴赏与创造、文化传承与理解四个方面②。

在语言建构与运用方面，积累母语文化知识，逐渐培养灵感，学会整合语言，在特定的语境中培养语言理解、语言交流的能力；在思维发展与提升方面，培养汉语直觉与灵感、联想与想象，批判与发现的思维能力；在审美鉴赏与创造方面，体验与感悟、欣赏与评价优秀文学作品，进而能够培养表现与创作的能力；在文化传承与理解方面，树立选择、继承、包容、借鉴文化的意识与态度，理解优秀语言文化。

虽然2017年版《普通高中语文课程标准》确定了"语文核心素养"的内涵与框架，即语言建构、文化理解、思维发展及审美鉴赏，但这样宏大的四方面素养对于基础教育阶段的"语文核心素养"来说过于泛化，不够具体，偏离了义务教育阶段语文课程的基础性、实践性与人文性。

基础教育作为造就人才和提高国民素质的奠基工程，其基础性是不可忽视的，基础教育阶段的"语文核心素养"是为学生形成满足自身未来发展和社会发展所需的具有语文学科特点的必备品格和关键能力打基础的阶段。因此，关于基础教育阶段尤其是小学的"语文核心素养"表现维度，本研究在参考诸多学者观点的基础上，结合小学教育的特点、语文学科"工具性与人文性相统一"的性质及该阶段学生心理发展特征等诸多因素后做了较为深入的分析与研究。

二、小学语文核心素养表现维度

2017年版《普通高中语文课程标准》中将语言建构与运用和思维发展与提升分为两个素养。

---

① 程先国.语文核心素养的核心是什么[J].语文教学通讯，2016(14)：11-13.
② 王宁.普通高中课程方案和课程标准修订解读(3)实施《普通高中语文课程标准》(2017版)的关键问题[J].人民教育，2018(06)：38-40.

实际上，思维与语言是个体反映客观现实的两种意识表现形式，思维是大脑的机能，是人脑对外部客观现实的反映；语言则是表现、巩固和表达思维的工具，是思维的物质外壳。因此，二者相互依存、相互促进。

一般来说，思维的发展推动语言的发展，语言的发展又促进思维的发展，当然，它们彼此之间又具有相对独立性，语言思维是人类特有的意识形态，但它并不排斥人类直观思维、动作思维和其他特殊思维；另一方面，思维能够对语言进行完善，有些无法用语言表达出来的感觉或者思想，思维可以完整地反映。

小学语文核心素养中，笔者将语言和思维归为一类，即汉民族语言与思维能力的建构与提升。因此笔者所研究的小学语文核心素养遵循三维框架结构，即汉民族语言与思维能力的建构与提升；汉民族优秀文化的丰富、理解与传承；汉民族优秀文学作品审美思维的激发。

（一）汉民族语言与思维能力的建构与素养提升

1. 学生掌握基础语言知识，如，字词、词性、词义等能够形成语言材料的知识，在此基础上，凭借直觉感悟形成语句，进行语言活动，形成语感。

2. 在掌握语感知识，如语音、语义、语法的前提下，在大脑中形成逻辑思维能力，其在心理上则是一种感受力、审美力和想象力；"汉语言基础知识—语感—思维能力"经过反复实践的过程，形成规律性的语言运用方式，也就形成了语理，可对修辞、语法、逻辑、关联等内容进行灵活的运用。

3. 将"汉语言基础知识—语感—思维能力—语理"这一语言与思维建构与提升的过程内化为语言运用能力，能在各种语境中运用口头语言或书面语言灵活地交流与沟通，进而解决现实问题。

小学语文核心素养之一，即汉民族语言与思维能力的建构与提升，该素养的外在表现即"汉语言基础知识—语感—思维能力—语理—灵活的语用能力"这一呈螺旋式上升、波浪式前进的过程，而这一呈上升与前进趋势的过程，它的形成是在语文基础核心知识、基础核心技能、基础核心态度的支撑下进行的，所以掌握语文基础核心知识、基础核心技能，形成基础核心态度对于形成语文核心素养至关重要。

语言承载文化，在汉民族语言与思维能力的建构与提升这一素养培养的同时，学生所掌握的语文基础核心知识、基础核心技能与所形成的基础核心态度能够帮助其阅读优秀名篇，借助其不断提升的思维力可以增进对语言文字的理解，从而拥有文化积淀，继承优秀中华文化。

(二) 民族优秀文化的丰富、理解与素养传承

1. 学生民族优秀文化的丰富、理解与传承离不开优秀文学作品的阅读，阅读可以丰富学生的认知，提高其对世界的认识，进而积淀文化底蕴，涵养品格，阅读还利于发展学生思维、开发多元智能，由此体现语文学科的育人价值。而阅读能力既与阅读兴趣有关，又与阅读技能和阅读材料的属性有关。小学语文学习要求学生能够独立阅读、丰富知识、体验情感、增强语感；能够运用多种阅读方法阅读不同体裁的文学作品，并能通过语音知识富有情感地朗读；培养浓厚的阅读兴趣与持久的阅读习惯。

2. 学生民族优秀文化的丰富、理解与传承更需要情感的寄托，如果对事物没有任何感情也就无所谓喜恶，更不可能理解与传承。对优秀文化独特的情感体验常以语言、表情、动作等表现出来，口头语言绘声绘色地朗读、背诵也好，书面语言的表达也好，抑或是手舞足蹈地表现都能传达学生对于优秀文化的喜爱与敬仰。

3. 正所谓"腹有诗书气自华"，优秀文化的积淀会提高一个人的审美情趣、人格品位、眼界与价值观，甚至透过其言谈举止、容貌、神态等外部特征表现出来。

(三) 学生对民族优秀文学作品审美思维的激发

在语文学习过程中，学生能够阅读民族优秀文化名篇，理解文字间蕴含的思想文化，并对其中的语言文字产生丰富的情感，进而感受文字的魅力、体验其中的美感，试图通过语言文字表达情感之美。这一过程便是小学语文核心素养的第三个方面，学生对民族优秀文学作品审美思维的激发。

1. 学生在学习语文基础知识、掌握语文基础技能、形成核心态度的过程中对表现美的优秀文学作品产生心灵的荡涤，通过语言文字的感受力唤起文学审美思维，能够感受到文学作品的意境美、修辞美、音韵美，其中人物的人格美、思想感情美等方面。

2. 在感受到其中美的基础上，全身心投入到美的意境中，甚至对其产生"高峰体验"，进而能够对其美感进行简单分析，探索美感背后的形象，此时便是思维由内部感受到借助语言的物质外壳对美感体验进行表达与抒发，也就完成了由真实存在的文学语言美到读者或学习者产生的美感体验再到借助语言表现美的审美思维过程。

3. 对美的感受与体验内化为学生的审美品格，学生会主动模仿文学作品中的文字美，通过创作来表现其中的美感，甚至在自然状态下一旦遇到美好的事物便会心生创作的灵感，进行简单的创作来寄托自己的美好情感。

第三节　语文核心素养的培育对小学语文教学方法的要求

语文教育是基础教育的重要组成部分，它肩负着传承中华文化的重要使命。小学阶段是学生健全人格的基础阶段也是重要阶段，其在此阶段接受的语文教育关乎他们知识的掌握、能力的培养和品性的养成。语文教师只有充分解读小学语文核心素养的内涵，对教学方法的运用进行深入了解，才能在此基础上重视教学方法的选用，通过教学方法的运用促进语文核心素养的培育。

一、小学语文教学方法对核心素养培育的价值

（一）小学语文教学方法是培育核心素养的途径

核心素养这一教育理念的提出，标志着教育未来发展的新方向。教师需要在教学中充分考虑小学生的主体地位，引导小学生自主学习，促进其全面发展。这些育人目标究竟该如何贯彻落实在小学生身上，毫无疑问必须借助于教学方法的使用来实现。因此，小学语文教学方法是落实学生核心素养培育的重要途径，学生核心素养的培育以小学语文教学方法为载体。

核心素养的内容非常广泛，笔者将其在小学语文学科中的具体体现分为四个部分：听说与读写能力、思维发展与提升、感受美与鉴赏美、了解与传承文化。

通过小学语文教学方法的运用，力求使小学生在学习语文知识的同时获得听说与读写能力，促进小学生思维的发展，培养小学生辨别美的能力，强化小学生文化传承的责任。核心素养的培育需要通过小学语文教学方法来落实，间接说明了小学语文教师需要优化传统的教学方法以适应小学生核心素养的培育。

根据核心素养在小学语文教学中的具体体现，教学方法的选择应该侧重于小学生的实际需要而不是只注重知识的需要，应切实考虑通过教学方法的实施能够培养出学生的哪些能力和态度，而不是一味地灌输学科知识。

除此之外要注意的是，不是教师用固定的教学方法培育小学生的核心素养，而是和小学生一起挖掘适合培育核心素养的教学方法，让小学生在此过程中感受语文学习的乐趣，培养他们对语文学习的热爱。

总之，在核心素养这一教育理念的指导下，如何把其和学科知识相结合，如何将其具体到小学生身上，这些问题皆离不开教学方法的使用，教学方法是其实现的重要手段，即核心素养的培育需要通过小学语文教学方法来落实。

(二) 小学语文教学方法改革促进核心素养的培养

小学语文教学方法的设计以学生核心素养的培育为出发点和落脚点，在此实施过程中又悄然推动核心素养的内涵更加具体生动。小学语文文本蕴含了丰富的资源，只有通过适当的教学方法对其进行深层挖掘，才能在培养学生知识和能力的同时培养其健全的人格。

首先，关于设计教学方法，教师应明白核心素养在小学语文中的具体体现，接着进一步探索如何通过教学方法落实小学生语文核心素养的培育，最后将二者有机融合，落到实处，促进小学生全面发展。

在小学语文教学中，教学方法要注重学生对于生字的掌握和运用。只有掌握一定量的生字，学生才有能力学习文本，丰富自己的知识，提高听说和读写能力。

其次，教学方法需要注重发展学生的思维能力。因为小学语文教材的选编都是经过专家种种考虑的，极具逻辑性和代表性，语文文本的学习能够培养小学生的思维。

再次，当今时代的教育不仅仅侧重知识的传授，更注重对学生进行美的教育，教学方法实施的重要目的之一便是致力于教会学生学会生活、感受生活，促进学生情感的升华。

最后，中华文化之所以能够拥有五千年的历史，皆离不开世世代代中华儿女的传承。语文教材选编了大量与中华文化息息相关的文本，以教学方法的运用为载体，培养学生自觉传承文化的责任感和使命感。总之，通过小学语文教学方法的运用能够进一步推动语文核心素养的培育，应在教学方法的改进和实施中促进核心素养的落地。

二、小学语文核心素养的培育对教学方法的要求

（一）听说与读写能力维度对教学方法的要求

语言文字承载着人与人之间的交流和信息的传播，小学生的听说读写离不开语言文字的学习。听说与读写能力是小学语文核心素养中最基础的维度，是其他素养发展的前提条件。语言文字有自身的特点和规律，小学生通过反复的学习和领悟，达到正确运用语言文字的目标，形成自己的表达技巧和独特的语言风格，在实际生活中用准确的语言表达出自己的想法。

2011年版的语文课标指出，识字写字的教学目标为小学生能够喜欢汉字，有主动学习、运用汉字的愿望。那么，语文教师应该对自身教学方法的采用有所思考，教学方法的采用需要注重学生对汉字的情感态度，而不是传统意义中达到听说读写的目的。

语文教师应该有针对性地发展小学生的语言学习能力和表达能力，使小学生在教师的引领下有意识地发展自己的聆听、表达、阅读及写作能力。比如谈话法的运用，谈话法指教师预先设定好谈话的中心主题及谈话层次，循序渐进有目的地与学生进行交流，通过教师语言表达的严谨性启发学生表达的连贯性。

（二）思维发展与提升维度对教学方法的要求

思维的发展与提升在小学生知识转化为能力的过程中有着举足轻重的地位，它指导学生把知识应用于生活实践，用能力解决生活中的实际问题。

学生从语文文本学习中接触到语言文字并学习其运用的规律，通过与文本对话，与自身对话，获得思维的发展以解决实际问题。同时，小学阶段的学生想象丰富，思维活跃，教师应抓住小学生的年龄特点因势利导，通过探究、启发等教学方法，利用学生思维发展的关键期，激发其想象思维、创造性思维的发展，引导其主动参与学习、探究学习、发现学习，以此提高自己的思维品质，支撑长远发展。由此观之，为了发展小学生的思维，教学方法必须不断发挥其创造性，给学生创造自主学习的空间。

(三) 感受美与鉴赏美维度对教学方法的要求

小学语文核心素养要求学生在语文学习中通过对文本的语言美、人物美及自然美的欣赏，掌握感受与鉴赏美的方法，提高自身审美能力，形成正确、积极的审美观点。不论是古诗宋词还是美文佳句，都是祖国绚丽的瑰宝、宝贵的精神财富。如何感受文章的美感，如何鉴赏人物的形象美，都与教学方法的运用相关联。

语文教师应引导小学生深入地分析文本，教会小学生感受与鉴赏美的方法，帮助小学生获得审美体验，比如吟诵教学法，可以帮助学生在吟诵的过程中，用情感的变化和声音的抑扬顿挫感受诗歌的语言美及其所展现的自然美或歌颂的人物美。

综上所述，通过教学方法引导其树立积极向上的审美价值观，以此促进小学生语文核心素养的培养。

(四) 了解与传承文化维度对教学方法的要求

中华文化包含了人类进步文明和祖国的历史发展，每一个中国人都需要充分了解，增强对祖国文化的认同感并自觉承担传承责任。小学阶段的学生在对文言文、古诗词、文学佳作等语文内容学习的过程中，通过阅读文本、感受字里行间蕴含的丰富文化，增进对中华文化的理解，提高对其的认同感和传承的责任感。

语文教师要注意的是，文化的价值并不仅仅存在于文字表面，要带领学生深入文本，挖掘其内涵，这就需要教学方法的支撑。教师要巧妙设计教学方法，引导学生有层次地探究其深层含义，充分领略祖国文化的风采。

以实践教学法为例，语文教师抓住一切传统节日开展文化活动，通过中心主题的设计启发学生自主寻找节日的由来、发展过程、习俗，促使学生在调查过程中感悟文化的博大精深，以此激发爱国情感。由此可知，语文教师对教学方法的运用要进行深入的思考和精心的设计，帮助学生充分体验文化内涵，才能支撑了解与传承文化这一维度的培养。

总之，语文教师需要把握小学语文核心素养的四个维度，正确理解小学语文教学方法对语文核心素养的践行价值，充分发挥其对小学语文核心素养的贯彻和推动作用。语文教师应剖析语言文字的魅力，提高学生语言组织及表达能力，锻炼学生的听说与读写能力；遵从学生的课堂主体地位，激发学生的想象、给学生自主发挥创造性的空间，促进学生思维的发展；带领学生深入文本，挖掘其最真挚的情感，给学生人文美和自然美的感受，帮助学生获得感受与鉴赏美的能力；抓住传统节日，因势利导展开文化实践，帮助小学生了解祖国传统文化，自愿传承文化。

第二章

生本教育的基础理论研究

第一节 生本教育的阐释

一、生本教育理念的发展

对于生本教育的研究，19 世纪，美国教育家杜威提出"儿童中心说"。两者具有极大相似性。杜威反对教育中以教师为中心的教育方式，明确教育要重视儿童的发展，提倡要高度重视儿童在教育中的主体地位。

20 世纪，马斯洛与罗杰斯在杜威的观点的基础上又提出了"人本主义"的思想。人本主义不赞同行为主义理论把人和动物同等看待。提出要注重人的尊严、价值和自我实现。人本主义被称为心理学的第三种运动。由此人为中心的理念，在历史发展浪潮中，逐步演变成为现代教育的核心要求。但是资本主义国家早期的"人本主义"思想，一产生就与社会为本的观念相对立，在有些方面并不适合我国的国情。

随着改革开放的深入，我国的国力得到了很大的提升，国家对教育的重视程度也与日俱增，对教育的投入也逐渐加大。生本教育理念在我国逐渐形成体系，其中包括生本教育观、生本学习观、生本教师观等。生本教育这一先进的教育理念随着时间的推移，在实践中经受住了层层检验。

生本教育理念在多年的实践中不断完善和发展，许多优秀的教师也逐渐吸收到了这一理念的精髓，并把它发扬拓展开来。

生本教育理念最初的实践领域主要是数学学科。但是实践证明，好的理念语文学科同样适用。

比如，沈大安在《诗意语文和生本课堂》中说到，小学语文教师在教学时，应该明确要以学生为主，让学生在语文学习中感受到快乐。教师只是简单引导，鼓励学生大胆地在课堂上提出自己的疑惑，让他们自主地去感受和学习。学生拥有学习的主动权，学生是学习的主旋律。教师要为学生服务。

周一贯也提出"还学于生"的观点，这种说法是对生本理念的另一种表述。课堂由教师的全盘讲授变为学生主动学习，并且高度发挥学生的主观能动性。同时教师要懂得转变自己的角色，不能"死"教书。

以上观点都是生本教育理念在语文学科上的拓展和延伸。但是许多学者在语文学科领域中研究生本，主要还是偏重于理论层面的论述，而且构建的理论框架过于宽泛。

二、生本教育的特征

师本教育和生本教育在运行机制方面有巨大差异。打个形象的比喻，师本教育中，老师和学生分别扮演着大齿轮和小齿轮的角色，小齿轮没有自己活动的余地，只是被动地在大齿轮的带动下转动。这就是联动式。生本教育则不然，类似于驾驶汽车，老师把钥匙交到学生的手中，学生自己开动大脑，自行完成汽车的启动，这就是激发式。

激发式和传统的联动式不同，这种模式将学生的积极性调动起来，让他们自行去探索，求知，他们探索和求知的范围和领域越大，就越迫使老师扩大自己的知识容量，满足学生的知识需求。在这种模式下，老师和学生之间不再是大齿轮和小齿轮的关系了，他们的角色发生了转变，成功地转换为激发者和被激发者的关系。这是彼此之间新的角色定位。

运用了激发的教学模式，无疑就像汽车开动马达自行运行起来似的，我们成功地转变自身角色，成为学生学习的引领者，成为学生学习的管理者，成为学生学习知识的催化剂，有了这种积极的引领，学生的被动局面被打破了，能量得以激发，潜能得以释放。

随着社会的进步，如今的小学生的综合能力相较于过去都已经有了长足的进步。在综合素质全面提升的大背景下，学生对学习的需求早已得不到满足。基于此，生本教育模式的大行其道是大势所趋。另外新课标也对教师提出了更高的要求。教师不是以往教学中知识的"搬运工"，学生也不再只是知识的储存容器，学生对问题的反思也需要教师的引导。

具体而言，生本教育主要具有以下几方面的特征。

1.其并非只是在表面上强调要以学生作为主体，也并非仅局限于进行局部层面上的革新，而是对以学生为本的整个系统方面的问题进行探究，因此相对来说较为彻底和全面。

2.其对过去以教师为本的教育基本进行分析，并在进行对比的基础上揭示生本教育所存在的价值。相对于过去的研究来说具有鲜明的根本性及鲜明性特点。

3.其提出课程与教材方面的改革框架，且具有相应的可操作性。

生本教育主张在教学内容和教学方法上更多地给学生提供切实可行的方法，让学生有机会在合作学习和研究学习中具备发现、分析和解决问题的能力，挖掘潜能，飞扬个性。生本教育的基础是以生命为本，它不只是一种形式，更是一种思想产物，它颠覆了传统的教师标准和教学形式，更有力地体现了教学中的渗透性、冲击性和吸引力。

三、生本教育的基本理念

生本教育理念是具有悠远的理论渊源、丰富的理论内涵、强大的实践张力以及鲜活生命力的教育理念。

所谓"生本"，简单地说，即以学生为本；"生本教育"就是以学生为本的教育，主张学生才是教育教学过程中学习的主体，强调学生的主动性和参与性。

"生本教育强调的是学生自己的体验与感悟，它以教育教学过程中的学生为基础，以学生在教育生活中的发展为特点。"[①]其主要特点是学生是整体性的，一个人的一生是连贯的，是多层次、多方面的整合，是不可分割的整体；生命也是具有独特性的，每个人的生命都是独一无二的，是他人替代不了的；生命是具有可能性的，在一个人的一生中一切皆有可能，人的生命不可被决定，人的一生是不断发展生成的，是不断超越自我和完善自我的过程。

(一) 以学生的发展为目标

生本教育的价值观是一切为了学生的发展，为了学生的一切。学生是教学活动的出发点和归宿。生本教育就是对学生学习主体地位有一个明确的认知，把握好学生的地位，注重学生的个人发展，把一切为了学生作为价值取向。

教育改革中呈现的一系列问题，表面来看是传统观念和传统教学方法

① 沈志奇，赖益强.也谈"生本教育"[J].齐齐哈尔师范高等专科学校学报，2008（02）：28-29.

的局限与弊端，但是从根源上来看，是在教育以学生为主体问题上的不明确，教育是一个灵活多变的活动，对教育实践者来说，教育的主体并不容易把握。

在教育发展史上，就曾经出现过许多教育忽视学生主体地位，并提倡知识本位、教师本位，从而大大影响了教学效果与质量的案例。因此，一切为了学生是"生本教育"的前提，也是深化教育改革的必然需求。

（二）尊重学生的独立人格

生本教育强调重视学生独立的人格。对学生的尊重是生本教育的本质和基本原则，其关键是全面了解学生，了解学生的性格特征和认知特点。

尊重学生首先要认识到每个学生都是学习的主体，即使是学习成绩很差的学生也希望自己能得到教师的关注，得到同等的对待，如果从他喜欢的事情开始学习，也是有希望有所改善的。

无论学生做什么，他都有一定的建构基础，学生活动本就是学习活动的一部分，哪怕这部分是不系统的。尊重学生的前提是相信自己的学生有构建知识的能力。对于小学高年级的学生来说，他们的认知结构已初具模型，他们可以在已有的知识基础上学习其他新的知识和发展新的能力。

尊重学生就是要相信每个学生都是发展过程中的人，都蕴含着发展的潜能，而教师就是在时间、空间上给予他们鼓励，相信他们终究会获得充分的知识。教师在面对学生时要注意自己的语言、表情、肢体动作以及态度，不要让负面情绪伤害学生的自尊心与自信心。

（三）在教学行为上依靠学生

生本教育的行为观是全面依靠学生。全面依靠学生不等同于不要教师，也不表示教师是陪衬。在生本教育中教师是组织者、引导者的角色。新的教学观指出，学生在教育过程中不仅仅是教育的接受者、承受者。相反，学生也是教学过程中的参与者，是生产自己知识的劳动者。

长期以来，学生在教育教学过程中被看作是教育的对象，其在教学过程中的主体地位很难在教育活动中得到重视。随着素质教育的深入展开，学校也开始逐渐重视素质教育，教师在课堂上也会提问学生，鼓励学生积极发言，调动学生参与的积极性。虽然这一系列的做法起到了一定的效果，但是这些做法起到多大程度的效果，则还是值得研究的。

"在学生本质上仍处于被动地位的传统的以教师为本的教育体系中，如果不改善传统课程的核心，只是在教育课程表面做一些微小的变动，让学生真正成为教学过程中学习主体的目的就很难实现。"①

例如，就教师讲解教材来说，教材是被细分为小步子教学，这样虽然有利于学生理解课文，但是不利于学生在时间和空间上的发挥，体现不出学生学习的主体性，并且破坏了教学内容的系统性。

再如，在教学过程中教师忽视对学生发现和思考探究能力的培养，学生缺乏独立自主的学习能力，他们就只能处处依靠自己的教师，把自己的教师当作教学过程中的主体，而自己充其量只是个接受知识的承受方，而不是学习过程中主动探索新知的主人。

"学生个体作为资源，表现为学习能力和拥有的知识基础两个方面。学生是学习的动力资源。"②

事实上学生是有学习天性的，这种天性表现在学生愿意积极主动地学习自己感兴趣的内容。因此教师在课堂教学中要利用学生学习的兴趣和天性，注意教学应结合学生的生活，让教学内容来源于生活，并高于生活，从而推动教学。

(四) 促进学生可持续发展

生本教育的评价观是积极促进学生可持续发展，它指出评价的本质意义就是促进学生发展。这种对评价功能的全新看法与传统评价注重甄选与选拔不同。这种新型评价的标准是多元、多角度的，而不是单纯着眼于某个单一方面。而且，新型评价的方法很多，比起结果，更关注的是学生学习的过程。

评价主体也具有多元化，如：教师评价、同学评价、家长评价、学生自评，等等。这种评价有利于全面地认识学生，发现学生身上的优势与不足，

---

① 郭思乐 . 教育正在走向生本——教育走向生本系列之一 [J]. 现代教育论丛，2001，(03)：3-4.
② 沈志奇，赖益强 . 也谈"生本教育" [J]. 齐齐哈尔师范高等专科学校学报，2008（02）：29.

也强调学生在实践探索方面的评价。与此同时，教师在评价过程中更加重视过程性评价，促进学生养成独立自主的学习习惯，转变传统的学习方式。

四、生本教育理念的课堂教学主张

生本教育要求构建和谐高效的课堂。即在课堂教学中，要体现教学目标生成化，教学关系和谐化，教学方式体验化，教学评价多元化。[①]

(一) 生本教育理念主张教学目标生成化

教学目标生成化，即强调教学目标不是教师在上课之前预设好的，一成不变的，而是预设和生成相统一存在的。"预设"与"生成"相对，"生本教育理念下的教学强调的是过程性而不是传统意义中的结果性，在阅读教学过程中关注学生的个性化建构，追求学生健康发展，是一种多元的、开放的、互动的教学形式"[②]。

语文课程标准指出，语文是实践性课程，应注重培养学生的语文实践能力。阅读教学是语文必不可少的一部分，在阅读教学过程中，学习资源和实践机会无处不在，教师应抓住课堂教学资源，通过师生互动、生生互动的形式促进目标的生成化。

(二) 生本教育理念主张教学关系和谐化

教学关系和谐化，即教学过程中师生关系的和谐，生生关系的和谐，交流方式和谐，教学实施过程和谐等。

学生在和谐的教学氛围中，更能激发学习的积极性和创造性，最大限度地发挥自身的潜能。师生关系是教学过程中最基本、最重要的人际关系。师生交往是小学生人生初期人际交往的重要组成部分。

建立和谐的师生关系是教学活动得以顺利有效进行的重要保证，有利于学生心理和个性的健康发展。"尊重和理解学生是构建和谐师生关系的前提，素质教育顺利有效地落实基于教师对学生的理解和尊重，在此基础上教

---

① 沈志奇，赖益强. 也谈"生本教育"[J]. 齐齐哈尔师范高等专科学校学报，2008（02）：95.
② 郑金洲. 生成教学 [M]. 福州：福建教育出版社，2005.

师得到学生信任，有利于提高教学效率和质量，构建和谐友善的师生关系是学校教育工作的重要组成部分"①。

(三) 生本教育理念主张教学方式体验化

教学方式体验化，即让学生主动提出问题，分析问题，解决问题，让学生在探索的过程中全程参与，归纳学习方法，促使学生在学习的过程中掌握学习主动权。让学生亲自体验把知识运用于实践，体验所学，体验生活，把课堂变成学习的乐园。

教学方式体验化是《义务教育语文课程标准（2011 年版）》积极倡导自主、合作、探究的学习方式的具体体现。

课程标准要求学生自主阅读，自由表达，教师要爱护学生的好奇心和求知的欲望，在尊重学生差异的前提下，引导学生把理论知识与实际生活相结合，充分理解知识的内在联系，从获取知识的过程中体验收获的喜悦。在阅读教学过程中教师也要关注对学生问题意识与进取精神的激发。教师在教学的全过程中都应加强这种教学方式的形成。

(四) 生本教育理念主张教学评价多元化

生本教育理念下的教学评价观主张评价多元化。教学评价有两个功能：一是督促和鞭策学生学习，二是了解学生的学习状况。②

教学评价不能滥用，当学生在进行某项活动，或完成某项活动需要进行评价时才能去评价，评价应该在学生的主动建构中进行。

教学评价是影响生本教育教学的最直接因素之一。评价的性质不同对教学效果的影响也是有差异的。即教学评价不应该是评价某个学生的某个单一的方面，因为学生本身是复杂多变的，因此教学评价要遵循多维度、多方式、多时段原则。

教师在评价学生时，要全面地看待问题，多角度地进行评价，注重对学习过程的评价，尽量避免评价的偏颇性，做到以评价促进学生的发展、完善。

① 赵秀丽. 构建和谐师生关系重要性的思考 [J]. 吉林省教育学院学报，2014(10)：82.
② 郭思乐. 教育走向生本 [M]. 广州：广东教育出版社，2001.

第二节　生本教学目标与规律的解读

一、生本教学目标的解读

教学的基本特性之一就是计划性、目的性，教学要有目标是大家的共同认识。然而，教学目标在教学实践中发挥着怎样的作用以及如何制定教学目标却是许多教师疑惑的问题。

(一) 教学目标的概念界定

教学目标，即预期学生达到的学习结果，它是课程目标的具体化，同时又是教学活动设计的依据。

课程目标是指通过课程希望学生发生的预期变化[①]，它是按照国家的教育方针及素质教育的要求，从知识与技能、过程与方法、情感态度与价值观三个方面阐述本门课程的总体目标与学段目标。[②]

课程目标是客观存在的，而不是凭空想象的。虽然影响课程目标的社会需求、学生特点和学科发展等要素发展的客观规律都是隐性的，且不易为人们所掌握，但是在制定课程目标的过程中一定要克服这样一种倾向，即仅凭某些专家个人的理论推测与个人经验来确定课程目标。

(二) 教学目标的分类

教学目标的分类方案有许多，对我国教学影响较大的有巴班斯基的教学目标分类、布鲁姆的教学目标分类、加涅的学习结果分类等。我们在此简要讨论我国基础教育课程中使用的教学目标的领域分类和成因分类。

1. 教学目标的领域分类

我国现行的课程标准将课程目标分为三个领域：知识与技能，过程与方法，情感态度与价值观。

(1) 知识与技能包括学科知识与学科技能。学科知识主要指学科的主干

---

① 彭钢，张晓东．课程理念的更新 [M]．北京：首都师范大学出版社，2001.
② 钟启泉，崔允漷，张华．为了中华民族的复兴，为了每位学生的发展：《基础教育课程改革纲要 (试行)》解读 [M]．上海：华东师范大学出版社，2001.

知识，包括基本事实与基本原理。学科技能是指学科活动中的基本技能，主要包括动作技能以及观察、阅读、计算、调查等技能。

（2）过程与方法主要是指认知的过程和方法，包括科学探究的过程和方法，认知过程中人际交往的过程和方法。过程与方法强调知识的获得过程，强调体验性知识的获得。

（3）情感态度与价值观是指对自己、对他人、对科学、对社会、对自然的情感、态度、价值判断以及行为过程中具有的科学态度、科学精神、人文关怀等。没有情感因素的参与，学习活动既不能发生，也不能维持。情感态度与价值观是伴随着学科知识与技能的获得、形成和发展而发展的。

教学实践中，一般要把整体目标分解为三个维度的目标，三者不可缺少，不可替代，互为条件，相互促进。

课程目标的具体呈现形式大致有三种：第一种形式是按三个领域（维度）分别一一列出；第二种形式是在内容上按领域分类列出各项教学目标，但是表述形式上却没有分成三类；第三种形式是在思想上按领域制定，在呈现形式上却以综合性的形式表现出来。

目标领域的划分是为了研究的方便，是为了更全面、更扎实地落实教学目标，这是一种手段，而不是目的。

2. 教学目标的成因分类

根据教学目标的形成原因，我们将其分为既定性目标与生成性目标。

课程标准中规定的教学目标是一种既定性目标，它是静态的。生成性目标是指在教学过程中，根据生成性教学资源产生的教学目标。生成性目标是对既定性目标的一个补充，是单元（课堂）教学目标的一个重要组成部分。在教学中，既定性目标是必须达成的，生成性目标则是灵活的。

（三）制定教学目标的依据

1. 制定教学目标要根据课程标准

课程标准是制定教学目标最重要的依据。

（1）学科基本目标

各学科的课程标准中都有学科"基本目标"。学科基本目标是确定教学目标的指导性标准，它规定了学科教学的方向。

（2）课程目标

课程目标包括目标分类和内容依据。它分两部分：一是总体目标，二是领域目标。领域目标又称维度目标，即知识与技能，过程与方法，情感态度与价值观。

（3）内容标准

内容标准中的"标准"是学生必须达到的基本要求。它以行为目标方式表述，包括两个方面：一是标准，二是活动建议。这是制定课时教学目标的直接依据。

2. 制定教学目标要根据学生的学习基础

生本教学以学生的发展为起点和归宿。因此，教学必须根据学生的现有学习水平和学习能力确定教学起点、速度和要求。

目前，由于班额较大，教学起点、速度必须选取适当的参照点，照顾绝大多数学生。同时，也要考虑到学生群体中认知水平与认知能力的个体差异，设计分层教学目标。因此，学生的学习基础是制定教学目标的重要依据。

了解学生学习基础的途径主要有：①观察、访谈；②诊断性测试。诊断性测试包括课前诊断性测试与课间诊断性测试。前者主要是了解学生的学习基础，后者主要是了解学生当前的学习情况。

3. 制定教学目标要根据教材

教材包括所有教学材料。教科书是最重要的教材。

（1）教科书的核心思想

教科书有其核心思想和独立的体系，有一条主线贯彻始终。在确定教学目标时，我们要关注这条主线，并将其贯彻到教学始终。

（2）教科书的内容

教科书是专家依据课标编写的，是专家智慧在课标形式转化为具有较强可读性教科书形式过程中的结晶。因此，教科书对于帮助我们理解课标具有非常重要的作用。所以，教科书是确定教学目标的重要依据之一。

（四）生本教学目标的基本特征

1. 生本教学目标是对学生提出的期望

现行课程目标属于行为性目标，它以具体的、可操作的形式，对教学结束时学生所发生的行为变化提出要求。① 所以，生本教学目标实际上是教师根据课程标准中规定的课程目标对学生提出的学习目标。具体要求如下。

（1）行为主体是学生而不是教师

生本教学目标实施的主体是学生而不是教师。生本教学目标的制定要符合不同学段学生的学习要求。

（2）确定明确的行为条件

行为条件是指影响学生产生学习结果的特定的限制或范围。

（3）目标要求

生本教学目标中的目标要求是指学生对目标所达到的最低表现水准，基本的、共同的、可达到的教学标准，是现实的要求，而不是最高的要求和理想要求。

2. 生本教学目标是通过教学活动实现的

生本教学目标，即学生的学习目标。学习目标不是学生通过自然发展而达成的，而是通过教师设计的有组织、有计划的教学活动实现的。生本教学活动是师生之间、学生之间的多边活动。

3. 生本教学目标具有一定的层次性

生本教学目标的层次性表现在以下两个方面。

（1）整体目标的层次性。主要层次有学期教学目标、单元教学目标、课时教学目标。上一层位的教学目标需要通过下一层位教学目标逐渐达成或螺旋式达成。

（2）维度目标的层次性。一般来说，目标层次越低（如知识与技能领域的教学目标）越容易在较短的时间内达成，相反，高层次的教学目标（如，情感态度与价值观等方面的教学目标）需要的达成时间较长。

4. 关注过程性目标

过程性目标即经历、体验与探索，它包括启发智慧的思想与方法，解决问题过程中的困惑与顿悟，以及在这一过程中所产生的愉悦与精神体验。

目前，在落实过程性目标教学实践中存在两个主要问题。

第一个问题是学生参与教学的程度不同。由于学生的学习水平与能力不同，在探究学习过程中，真正能动起来的是少数，如何解决这"少数动"

① 常华锋. 如何理解新课程课堂教学目标 [J]. 地理教育，2005（02）：59.

而"多数不动"的问题是我们面临的主要问题之一。另外，当大多数学生真正"动"起来以后，对教师的课堂组织水平又提出了新的挑战。

第二个问题是教学时间紧张。一般来说，以过程性目标为主要价值取向的教学所需时间大约为以结果性目标为主要价值取向的教学所需时间的2~3倍。总之，教学目标既是教学活动的"指向针"，又是学生活动的"归宿"，既是一个既定性目标，又是不断发展的生成性目标。

在教学实践中，我们既要从学段教学目标的角度出发，制定全面、具体、恰当并具有较强针对性的课堂教学目标，又要使教学目标具有一定的弹性、层次性和可检验性。

(五) 关于生本教学目标的几个问题

1. 生本教学目标的达成度问题

教学目标是客观存在的。达成生本教学目标是教学的基本任务。然而，实际教学中，如何检验一名教师是否完成了教学任务呢？

目前，生本教学目标的可操作性、评价制度与方法亟待解决。这个问题不解决，"生本教学目标"在一定程度上就成为一个形式主义的东西。目前，每一位教师上课前都制定了教学目标，然而，生本教学目标在教学实际中的作用却是微乎其微。

2. 生本教学目标达成度的区域差异问题

由于不同地区学生学习基础的差异、社会经济文化条件的差异以及师资水平的差异，不同地区甚至同一地区的不同老师对同一课程教学所制定的生本教学目标存在着较大的差异。从理论上讲，课程标准的要求是最低要求，是每一个学生都必须达成的。

然而，教学实际中，经济、文化、教育落后地区的教学目标真的达成了吗？学生上了九年学，是否就意味着达到了义务教育的要求？保证经济落后地区的教学质量是当前教学中的一个重要问题。

3. 生本教学目标对教学内容的涵盖度问题

制定生本教学目标是为了保证学生健康发展。学生发展的内涵是丰富的，仅从知识的角度就可以分为陈述性知识、逻辑性知识和缄默性知识。陈述性知识与逻辑性知识可以通过外显形式测评，可是缄默性知识则无法测评。

如果只以前两者作为考评内容，那么势必导致忽视缄默性知识的教学。再从现行课程目标的三个维度来看，能力的测试仅限于思维能力，而情感态度与价值观的考查也仅限于道德认识层面而无法涉及行为层面。因此，现行课程目标忽视了表现性目标，也忽视了问题解决目标。而表现性目标与问题解决目标所涉及的教学内容正是教学改革与发展所重视的内容。

二、生本教学规律的解读

(一) 教学规律存在性的思考

教学中有没有规律？有人从后现代的视角"解构"传统的教学认识论，否认基础主义的理论信念和思想倾向，否认教学现象之后存在着教学要素的内在联系，否定教学本质的存在，因而，否定教学规律的存在。

也有人否认脱离具体社会历史条件的一般的抽象的僵死的不变的规律，却不否定由人的主观能动的教学实践活动不断创造出来的现实的教学关系。[①] 认为传统意义上的一般的教学规律是不存在的，存在的是教学活动中的具体的、现实的教学关系。

还有人认为，教学规律不属于因果性规律，因而没有可操作性，没有可重复性，因而他们不承认教学规律的存在。

教学活动是一种社会性活动，教学规律不同于一般的自然规律。教学规律不能通过人的感官或科学仪器观测到，但是它存在于复杂的教学现象之中，存在于教学活动之中，能通过人的思想被感悟到。

教学规律是一种统计性规律，它存在于教学活动之中。对于学生个体而言，虽然其学习进展状况难以用教学规律来衡量，但是，对于学生总体而言，其学习的发生发展是具有一定规律的。因此，发现、揭示、运用教学规律具有重要的实践意义。

(二) 教学规律的概念

教学规律是一种客观存在。然而，由于教学规律存在于复杂的教学现

---

① 潘庆玉. 关于教学过程的性质、规律的哲学思考 [J]. 山东师大学报 (社会科学版)，1998 (02)：67.

象之中，是人的感官不能把握的，只有靠人的思维去"发现"。同时，由于人们认识教学规律时总是受到认识主体的教学价值取向与方法论的制约，所以，不同的人对教学规律的认识有很大的差异。

一般认为，教育规律就是指教育发展过程中的本质联系和必然趋势[1]；教学规律就是指教学过程中必然存在的稳定的联系[2]。

(三) 教学规律的基本特征

教学规律，即教学活动规律。教学活动是一项社会实践活动，其规律自然属于社会历史规律的范畴。概括起来，笔者认为生本教学规律具有如下特征。

1. 教学规律存在的客观性

根据马克思主义的唯物历史观，教学规律是客观存在的。教学活动诚然是一种人类社会活动，是一种建构性活动，但是这种活动属于人类的认识活动，属于人类的交往与对话活动。因此，从根本性质上看，教学活动既受到人类认识活动规律的影响，又受到社会活动规律的影响。

2. 教学规律发生的条件性

教学活动是一项社会性活动，在不同的社会条件下，其活动的性质、程度等各个方面是有所不同的。不同条件下的教学活动，其教学规律是不同的，也就是说，不同条件下的教学规律的内容是不同的。

一般来说，各地的教学本质是一致的，因而其教学规律的核心内容是相同的。如果两地教学的价值取向与基本理念不同，其教学规律就会有根本性的区别。教学实践中具备了相应的教学条件，则会生成相应的教学规律。

3. 教学规律的层次性

教学活动的复杂性决定了教学规律的复杂性。虽然人们目前尚不能一一列出教学中存在的各种规律，但是我们发现就其存在的普遍性与重要性而言，教学规律具有一定的层次性。

（1）第一层次是基本教学规律，它是由教学本质决定的。教学本质是教学的规定性，它是由教育本质决定的，而教育本质又是由教育活动的基本矛

---

① 顾明远. 教育大辞典：上册 [M]. 增订合编本. 上海：上海教育出版社，1998.
② 李秉德，李定仁. 教学论 [M]. 北京：人民教育出版社，1991.

盾决定的。

教育活动的基本矛盾是作为"个体"的人的个性发展与社会发展的要求之间的矛盾，教育活动的核心和基本要求是"使个体社会化"。因此，"教育的本质是通过传承文化使个体社会化，并促进社会的发展和个体的全面发展"①。基本教学规律存在于一切教学活动之中。

（2）第二层次是一般教学规律，它所反映的是教学基本要素（教师、学生）之间的本质联系。

（3）第三层次是特殊教学规律，它以一定的教学理论为支撑，反映了特定的教学理念下的教学活动中各个教学要素之间的特殊关系。

4. 教学规律的科学性

"科学就在于运用理性方法去发现规律"，② 客观存在的教学规律一旦为人们所认识，这些教学规律就成为科学教学规律。客观教学规律在数量上是"无限"的，科学教学规律则是对无限客观教学规律的有限认识。

由于人们认识能力的局限性以及客观教学规律的复杂性，人们所认识的教学规律的科学性总是具有相对性。教学论研究者所追求的就是使科学教学规律更加接近客观教学规律。科学教学规律，即教学原理，就是科学工作者用名词、概念、命题来反映、表述教学规律。③

（四）生本教学规律的探讨

1. 对教学规律的认识

教学规律是客观存在的，可是人们很难发现和认识它。目前，人们对生本教学规律的认识有较大的差别。

（1）有人认为主要生本教学规律有间接经验和直接经验相结合、传授知识和发展智力相结合、教学永远具有教育性、教师的主导作用和学生的主动性相结合四条基本教学规律④。

（2）有人认为生本教学过程的基本规律是教学的目的、任务和内容受制约于社会需要、教学与发展相互制约与促进、教与学相互影响与作用、教学

① 刘智运，胡德海. 对教育本质的再认识 [J]. 北京大学教育评论，2004(04)：104.
② 马克思，恩格斯. 马克思恩格斯选集：46 卷 [M]. 北京：人民出版社，1979.
③ 王策三. 教学论稿 [M]. 第二版. 北京：人民教育出版社，2005.
④ 刘克兰. 教学论 [M]. 重庆：西南师范大学出版社，1988.

效果决定于教学内部诸因素的相互协调与外部影响的统一[①]。

（3）有人认为生本教学基本规律有全面和谐发展规律、教学相长规律、整体优化规律[②]。

（4）有人认为生本教学过程的基本规律主要有教学双边交互影响辩证统一的规律、学生的发展依存于知识传授的规律、间接经验和直接经验相互作用的规律、教学效果取决于教学系统的和谐优化的规律[③]。

（5）有人认为生本教学规律包括特质性规律、因果性规律和结构性规律，每一类又包括不同的基本规律，如，特质性规律包括教学内容的时代性、知识传授的简约性、所学知识的间接性、学生发展的多样性、教师活动的本体性等五条基本规律。因果性规律包括内外条件的相依性、师生影响的双向性、教学与发展的协同性和要素关联的普遍性。结构性规律包括要素关系的多型性、教学要素的两分性、教学要素的层次性和教学要素的复合性等[④]。

从上面的概述可以看出，目前人们对基本教学规律内容的研究存在着较大的分歧。主要分歧如下。

（1）基本教学规律的范畴。基本教学规律是基本教学本质特征与基本走势的反映，是基本教学活动中所特有的并区别于其他活动的标志。因此，基本教学规律具有一定的范畴，即教学规律只是描述教学活动的规律，既不能过于宽泛，也不能过于狭窄。如"理论与实践相结合"属于一般哲学范畴，这项工作准则就不宜列为一条教学规律。

（2）基本教学规律的陈述。基本教学规律是客观存在的，对于基本教学规律的认识，人们只能发现与描述。如"教学永远具有教育性"，它就不是一种事实的判断与描述，而是一种价值判断。基本教学规律是一种实然性的判断，而不是一种应然性的判断，它只回答"是什么"，而没有回答"应该怎样"。

2. 生本教学活动中的教学规律

基于以上认识，笔者认为生本教学活动中存在着下列主要教学规律。

① 李秉德，李定仁. 教学论 [M]. 北京：人民教育出版社，1991.
② 吴文侃. 比较教学论 [M]. 北京：人民教育出版社，1996.
③ 田慧生，李如密. 教学论 [M]. 石家庄：河北教育出版社，1996.
④ 张楚廷. 教学论纲 [M]. 北京：高等教育出版社，1999.

（1）教学作用决定教学质量的规律

教学作用是指教学活动中教对学的作用与学对教的作用，以及学生学习过程中的相互作用。教学价值取向与教学理论决定着教学作用的方向，教师教的态度、热情、投入的精力、教学艺术等与学生学习的热情、勤奋的程度、学习的能力等决定着教学作用的程度。不同教学思想指导下的教学有不同的教学作用。

教学作用的内涵是宽泛的，它包括教师的传授、指导、激励、促进、表扬与批评等，也包括学生对教师的咨询、质疑、辩论等，还包括学生相互间的讨论、争辩、合作、暗示、竞争等。

（2）生本教学的阶段性规律

生本教学过程是一个复杂的过程，有人认为它是一个特殊的认识过程，有人认为它是一种交往（沟通与对话）过程，有人认为它是学生的社会化过程……不论教学过程具有怎样的性质，它都具有阶段性，即生本教学活动是分阶段开展的。其阶段性表现在学段、学年、学期、周、日、节等方面。

生本教学的阶段性是由教学活动的客观性决定的。从人的发展方面来说，学生的身心发展具有阶段性的特点；从认知方面来说，人的认知活动也具有阶段性的特点。

（3）学生全面和谐发展规律

教学的功能是引导和促进学生发展。对于学生来说，发展的内涵是丰富的。

第一，是全面发展。只有全面发展，才符合教育发展的要求。

第二，是个人发展需要与社会发展需要辩证统一。教育过程是个体社会化的过程，个人的发展既要满足个人发展的需要，又要考虑到社会发展的需要，二者辩证统一，才能实现自己的真正、充分发展。

第三，是均衡发展。学生的发展包括身体的发展、心理的发展、智力的发展、道德的发展、知识技能的发展、认知能力的发展、科学素养的发展、美育水平的发展、显性知识的增长与隐性知识的增长等各个方面，当各个方面均衡、协调发展时，学生个体就会实现持续健康地发展。

教学规律是数不胜数的，以上三条是笔者对基本教学规律内容的粗浅认识。

第三节　生本教学基本观点与思想的解读

一、生本教学的基本观点解读

生本教学思想落实在教学实践活动的各个方面，形成了若干观点。

(一) 生本教学的认识观

认识是人脑反映客观事物的特性和联系，并揭露事物对于人的意义与作用的心理活动，认识既包括人对事物的反映过程，又包括反映结果。一般，认识等同于认知。① 认识包含着"信息"，即认识就是可能回答各种不确定性的东西。但是认识不能划归为各种信息，因为认识需要有理论结构以便给信息以含义。②

1. 教学认识与一般的科学认识不同

教学认识不完全等同于一般的认识，教学认识既具有一定的局限性，又具有一定的特殊性。其主要的特殊性如下。

其一，教学认识是间接认识。有学者认为，"教学要以传授间接经验为主"是教学改革必须遵循的教育规律之一。③ 教学认识客体以课程教材为基本形态。

其二，教学认识属于个体认识。④

其三，教学认识目标明确。教学认识目标是预设的，也是明确的。

其四，教学认识检验标准是教育主管部门的教学评价。

2. 教学认识在不断发展

认识具有一定的层次，同时，也包含着可能相互抵触、相互斗争的不同层次。⑤ 但是，由于认识条件、认识能力的不断改善，认识的深刻性、全

① 朱智贤 (《心理学大词典》) 和陈立 (《心理学百科全书》) 都认为认知和认识是可以通用的两个术语。一般来说，表示机械心理反应活动用"认知"，表示深层次或高水平的心理活动用"认识"。
② 埃德加·莫兰. 复杂思想：自觉的科学 [M]. 陈一壮，译. 北京：北京大学出版社，2001.
③ 盛连喜. 尊重的教育 [M]. 长春：东北师范大学出版社，2005.
④ 王策三. 教育论集 [M]. 北京：人民教育出版社，2002.
⑤ 埃德加·莫兰. 复杂思想：自觉的科学 [M]. 陈一壮，译. 北京：北京大学出版社，2001.

面性都会不断地提高，有时还会呈螺旋式发展。教学认识是一个认识、检验（实践）、再认识、再检验（实践），循环往复、不断深化的过程。

3. 教学认识具有开放性

教学是一个开放的系统，它既是一个预设性的过程，又是一个生成性的过程。因此，课堂教学认识环境是开放性的，是即时性的，也是复杂的。

在教学过程中，认识是螺旋式发展的，甚至是"进—退—进"式发展的。教学认识是在否定中不断修正的。反思是认识不断趋于完善的思想武器。

反思不仅是自我批判，更重要的是自我肯定。通过反思，我们能进一步明确教学认识活动中的对与错（妥与不妥）。

教学认识具有一定的条件局限性，因而具有一定的不确定性。不同的人，同一个人在不同的阶段，甚至同一个人在不同的情境中，对同一问题都可能有不同的认识。因此，任何认识都有一定的时空、个人状态的局限性。

4. 教学认识具有主观性

任何认识都要打上主观的烙印，都有一定的认识指向性。对于科学认识而言，认识判断标准的一致性决定了认识结果的一致性，教学认识也是如此。正是教学认识的这一特点，才使得学生的创造性得以培养和发展。

5. 教学认识的过程即主体间相互融合的过程

作为一个概念，认识既是一个动作过程，又是一种动作的结果，即认识既具有动词属性，又具有名词属性。

认识具有循环性特征，它是在持续的往复中逐渐升级的。在这种往复和循环中，反思与批判起主导作用。没有反思与批判，就没有认识的深刻性、多样性与广泛性。

认识是主体对客体的反映。由于认识环境的多样性、认识手段的多样性，不同的主体对同一事物的认识或者同一主体在不同时间、不同环境、运用不同手段对同一事物的认识也不相同。因此，客观事物在人的认识中不一定是客观的，更不可能是统一的、标准的。从这个角度上看，教学问题的答案不一定强调"标准"。认识主体具有能动性，其主要表现形式之一是反思性与批判性。

(二)生本教学的教师观

1. 教师是教学中最重要的因素

教师在教育教学中的重要性是不言而喻的。

教育是塑造人的事业，以学生为本，塑造他们美好的人格，是我们不懈的追求。这一切都只能通过教师来完成，用爱去塑造爱，用幸福去塑造幸福，用美好去塑造美好。

"亲其师"才能"信其道"，任何关爱都必须经过人的传递才显得真切、动人，谁都无法改变这一点。一位教师，在校园里、课堂上，举手投足间，潜移默化地影响着学生，可以春风化雨，也可以近墨者黑；学生正是在耳濡目染间长大成人的。①

没有教师的生命质量的提升，就很难有高的教育质量；没有教师精神的解放，就很难有学生精神的解放；没有教师的主动发展，就很难有学生的主动发展；没有教师的教育创造，就很难有学生的创造精神。② 因此，教师在教育教学的所有环节中都是最重要的变量，一般地谈论教师的重要性是不够的。③

同样，当代中学生人生目标的缺失不可不谓教师之过失。人性既然需要导引，则必然有一个指向。④ 教师在学生人生规划中应该发挥其应有的指导作用。教师不是填满水桶，而是点燃火焰。⑤

社会发展水平越高，教育在社会发展中的作用就越大，相应地，教师的地位就越重要（如，《义务教育法》中规定义务教育教师的工资不低于当地公务员水平）。⑥ 进步的教师更能引导学生进一步强化学习，学习型教师更容易感染学生。教师的学习和学生的学习密不可分。⑦ 这既是教学实际的一个写照，又是一条基本的教学经验。身教重于言传，为了给学生树立一个良

---

① 李希贵. 学生第二——把你的教师放在第一位 [J]. 人民教育，2004(10)：11.
② 孟万金. 优质高效——因材施教的教育追求 [M]. 上海：华东师范大学出版社，2004.
③ 王策三. 教育论集 [M]. 北京：人民教育出版社，2002.
④ 贾馥茗. 教育的本质——什么是真正的教育 [M]. 北京：世界图书出版公司，2006.
⑤ 菲利普·比格勒，斯蒂芬妮·毕晓普. 美国最优秀教师的自白 [M]. 刘宏，译. 北京：中国青年出版社，2008.
⑥ 陈桂生. 教育闲评 [M]. 上海：华东师范大学出版社，2007.
⑦ 芭芭拉·麦吉尔克里斯特，玛格丽特·布特雷斯. 教与学的变革 [M]. 郑莉，刘大鹏，译. 北京：中国轻工业出版社，2006.

好的榜样，更好地促进学生的学习，教师应该与时俱进，不断学习。

现在的社会是一个开放的社会、一个不断进步的社会，新事物不断出现。为了适应这样的社会，每一个人，特别是教师，也有责任和义务不断地学习。在终身学习的社会中，教师应该是终身学习的典范，改革要求每个人都要坚持、开放、迅速地学习。[①]

2. 教师必须具有教学魅力

在生本教学过程中，教师的教学魅力逐渐增强。简要概括，有下列特点。

（1）高尚的道德，端正的品行

能够成为学生的楷模教师最重要的资质是什么？是身正。身正为师，学生需要值得尊敬的老师。学生时时刻刻都在注视着老师，学生需要看到老师为了帮助他们获得成功而竭尽全力，学生看到了老师的努力也会勤奋地学习。

（2）教学思想更加丰富

思想，即智慧。只有思想丰富，才能形成自己的教学风格；才能创造出有个性的教学设计与有特色的课堂教学过程，以使学生每节课都有新鲜感；才能使教学方法多样、灵活；才能使教学语言简洁、专业，有逻辑性、感染力和吸引力。

（3）服务意识不断强化，成为学生信赖的教师

没有良好的师生关系，就没有良好的学习成绩。[②] 要建立良好的师生关系，就要知道学生对教师的期望。因此，教师要能融入学生群体中去，成为他们的朋友。

爱是一种无声的语言，爱是一种美，是一种智慧，也是与学生交往的最有效武器。当学生在情感上喜欢亲近教师时，就意味着教师人格魅力的形成。

亲近学生的途径是多样的，曾获得具有美国教育界奥斯卡奖之称的"密

① 芭芭拉·麦吉尔克里斯特，玛格丽特·布特雷斯. 教与学的变革 [M]. 郑莉，刘大鹏，译. 北京：中国轻工业出版社，2006.
② 菲利普·比格勒，斯蒂芬妮·毕晓普. 美国最优秀教师的自白 [M]. 刘宏，译. 北京：中国青年出版社，2008.

尔肯全美教育奖"的亚历克斯·B.卡特提出下列四条基本策略[1]。

①每次上课前都站在门口欢迎、问候学生（注：美国教学多实行走班制）。

②每节课设计所有的学生发言。

③每周至少就学生的表现做出一次针对每一个人的具体反馈。

④为学生付出更多的努力。

（4）在学习方法上对学生进行提示与指导

教科书是关于自然和社会的概括，具有高度的概括性与抽象性。教科书是一本无人活动的科学记录本，它违背了科学是人的社会活动的起码准则。[2]正是教科书的这一先天缺陷，才使得教师成为教育不可或缺的因素。教师能把"死"的结论性知识变成"活"的过程性知识，能把刚性的陈述性知识变成弹性的具有探究性的知识。教师是人类文化的一个活的载体，其意义在于能通过教学活动，启示学生把"死书"读"活"、从"死"的材料中发现"活"的问题。

（5）在精神方面要引导与激励学生奋发向上

奋发学习既是目标，又是动机。只有奋发学习，终身学习才有可能。同时，只有明确为何要奋发学习，才会持续学习。科学无国界，科学成果却分国籍。科学家和技术专家作为社会人都有为养育他的祖国、人民和民族服务、增光的社会责任，这是课堂教学中万万不可遗忘的根本原则。[3]

教学是一门艺术，艺术的真谛在于发现美、欣赏美、享受美。我们在努力让学生感受到教师所表现出来的美的同时，要善于发现学生在学习中所表现出来的美，并加以赞赏。真诚地发现和赞美学生的闪光点是生本老师必须掌握的基本功。

（6）在教学过程中加强对话，强化教学作用

教学是一种关系性存在，课堂是一个互动的过程，课堂交流是师生互动的表现形式。[4]

① 菲利普·比格勒，斯蒂芬妮·毕晓普.美国最优秀教师的自白[M].刘宏，译.北京：中国青年出版社，2008.
② 包国庆.论课堂系统[M].南宁：广西教育出版社，1992.
③ 包国庆.论课堂系统[M].南宁：广西教育出版社，1992.
④ 田锋.试论大学课堂教学系统中的四个要素[J].教学研究，2004(01)：75.

（7）在专业方面要深入研究

教师应在专业上不断发展，并不断取得研究成果。

（8）处事认真公平

公平处事是认真做事的基本要素之一，这也是学生对老师的基本期待。只有这样，学生才会有一种安全感。求真是认真做事的另一个要素。求真，即尊重事实，它既是科研的基本原则，也是教学的基本要求；既是一种基本的科学精神，也是人的一种基本品质。

（9）追求文雅的生活方式

教师的职业决定了教师生活方式的文雅性。虽然不能以"绅士""淑女"标准要求教师，但是，教师应是脱离世俗、脱离低级趣味的人。教师要有强烈的自信心，要有一定的自尊，要有自己的人生价值观与人生追求，要有自身高雅的休闲与娱乐方式。文雅的生活方式是造就人的高雅气质的基本条件。

3. 教师角色不断丰富与完善

在具体教学实践中，教师扮演什么角色由当时的任务与情境来决定。教师角色大致经历了下列两个转变过程：一是由知识源泉变为知识传递者；二是由知识传递者变为学生发展的引导者、促进者。总体上讲，现在教师的作用不是命令、指挥，而是劝告、出主意，教师在学生学习中的"直接作用"逐步淡化，"间接作用"逐步加强。

关于教师角色，生本教学不是对传统教师角色简单地否定与转换，而是倡导不断地健全。强调教师"促进者"角色，绝不意味着放弃或否定"知识传递者"角色。生本教学要求，教师不仅是知识的源泉、知识的传递者，而且必须是学生学习的指导者、合作者、促进者、激励者和管理者。

生本教学过程中，不仅要求学生在各个维度不断地有所发展，而且要求教师在教学过程中要不断发展，实现教学同步相长。[1]

生本教学对教师提出了更高的要求，即不仅是品德高尚的人、知识渊博的人、经验丰富（教学艺术高超）的人，而且能够成为学生学习的合作者、引领者、促进者，还要成为学生生活的楷模。

---

[1] 教育部基础教育司. 走进新课程：与课程实施者对话 [M]. 北京：北京师范大学出版社，2002：4.

有些教师误解了"教师转换角色"的含义，出现了忽视教师知识传递角色（知识教学）的倾向，这是错误的。离开了知识传递和学习，就没有教学。[①]

教学过程是一系列复杂的知识解释过程。我们知道，教材知识是按照一定的价值标准所选择的知识，这种价值标准基本上包括三个方面：知识（学科）本身的价值、知识的社会发展价值、知识的个体发展价值。教学过程作为一种知识传递过程，所追求的不仅是学生掌握知识的数量的增加，更重要的是促进学生知识结构的不断重组。只有合理的知识结构，才能转化为学生个体的实践能力。

因此，教师要在进一步发挥传统教师角色的基础上，扮演好现行课程所要求的角色，两类角色相辅相成，相得益彰。只有将两类角色融合在一起，才是完整的教师，才是新时期合格的教师。

另外，教师的身教作用虽然自古就为人们所认识，可是一直没有上升到应有的高度。在目前我国社会思想相对活跃的情形下，教师的伦理者角色对于学生伦理道德的形成具有更为重要的意义。

（三）生本教学的学生观

1.学生具有独立的人格

教师需要爱，学生也需要爱；教师需要尊重，学生也需要尊重；教师不愿意被人辱骂，学生也一样。因此，师生双方在审视对方的时候，应该透过社会角色的"面具"，看到"面具"背后共同的人性或人格，采用"换位""移情""理解"的方法去建立一种超越有差别的"角色关系"的无差别的"人格关系"。[②]学生在"尊重"的需要得到满足的时候，他们会更加尊重他人并严格要求自己，形成良好的道德、生活与学习习惯。

学生不同于成人，无论是从阅历还是从经验上，学生与成人总是不一样的。在处事、做事等方面，教师不能以成人的标准（即社会一般标准）来要求学生。

学生存在个体差异。同一班级群体存在着最大的学习相似性，但是，也

---

① 石中英.教育哲学的责任与追求[M].合肥：安徽教育出版社，2007.
② 石中英.对"师生关系平等"的一点反思[J].今日教育，2006(04)：28.

存在着个体差异性。在照顾一般性发展的同时，我们要考虑到个体的差异，让不同层次学生的潜能都能得到最大限度的发挥。学生的学习需要引导，而不是改造。从社会角色上看，教师与学生是有区别的。教师是教育者，是教育的主体，负有教育的责任。教师在教学过程中，要引导，而不是逼迫学生学习。

学生是具体的人，而不是抽象的人。生本教学中的学生是"具体个人"，即承认人的生命是具体个人的存活、生长与发展。每一个具体个人都是不可分割的有机体；个体生命是以整体的方式存活在环境中，并在与环境一日不可中断地相互作用和相互构成中生存与发展的。①

2. 学生是学习的主体

学生是学习者，学习的主体，负有学习的责任。② 这是社会发展对学生提出的必然要求。对于学生来说，如果不好好地学习，就是没有尽到学生的责任。

学习责任表现于对学习的心理努力。有研究表明，学习成功的学生和学习不成功的学生的主要差别在于解决问题过程中心理努力的程度不同。

生本教学的方法是全面依靠学生。③ 学生既是学习的承担者，又是学习结果的体现者，学生的发展程度是教育教学效能的标志。

3. 学生是处于发展阶段的人

学生阶段是人一生中发展最快、最重要的阶段。学生的身心发展是有规律的，从总体上讲，不同年龄阶段的学生，有不同的发展特点（也有人称之为发展规律）。认识这些特点，并有针对性地做好工作，有利于更有效地促进学生的发展。

学生的发展潜能巨大。根据人本主义潜能理论，学生的发展潜能是巨大的，每一个学生的发展潜能指向也是不一样的。只要每个学生对自己有信心，那么他就能不断地向前发展。

学生是处于发展过程中的人。④ 作为一个处于发展过程中的人，也就意

---

① 叶澜. 教育创新呼唤"具体个人"意识 [J]. 中国社会科学，2003(01)：6.
② 石中英."师生关系平等"的一点反思 [J]. 中国教师，2005(07)：4-6.
③ 郭思乐. 教育走向生本 [M]. 北京：人民教育出版社，2001.
④ 教育部基础教育司. 走进新课程：与课程实施者对话 [M]. 北京：北京师范大学出版社，2002.

味着学生还是一个不成熟的人、一个正在成长的人。从这个角度来看，我们允许学生在适当的情境中犯下一定的错误。一定意义上讲，犯错误本身并不重要，重要的是如何看待所犯的错误。同样的错误，不能犯第二次。

4. 学生在成长过程中需要帮助

当代学生多为独生子女，据有关研究表明，他们不仅在心理、体质、品质等方面，而且在学习习惯、学习态度、学习意志、学习方式甚至学习资源等方面，都与以前的学生有明显的不同。

现在有一部分学生存在着心理上或学习上的问题。主要的心理问题可概括为失落感、孤立感、失重感和网络问题。[①] 在这四大问题中，网络问题是近几年最为突出且"毒性"最大的问题，特别是在城镇地区。学习问题方面，主要表现为知识面狭窄，思维方式、学习方法以及学习环境不适应。

学生是处于发展中的人，为了提高发展效能，他们都需要别人的帮助。

5. 学生是重要的教学资源

凡能够促进学生潜在能力发挥的资源均属于教学资源。学生不仅是教学的对象、发展的主体，而且是重要的教学资源。

其一，每个学生个体都是一个信息源，相互间的信息传递过程，就是学习过程。

其二，合作与交往本身就是学习。学习的内涵是宽泛的，学会交往也是学习的重要内容。

在交往与合作的过程中，不仅相互间得到启发、激励、经验与教训，而且在情感方面会有所感悟；增强对班集体的认识，也会帮助学生认识社会、理解社会。

其三，学生资源具有生成性。在交往过程中，相互间会产生许多火花，形成许多新的思想，并形成连锁反应，引起群体创造性思维整体水平的提高。

二、生本教学的基本思想解读

教学是一项实践活动，在实践中，教育者逐步积累了教学经验。教学经验是对教学工作的朴素的感性的认识，其基本特征是表面性、直观性、局

① 冉乃彦，郑希冰，高雪梅. 教育的衔接期 [M]. 合肥：安徽教育出版社，2008.

部性、个体性、偶然性等。对教学经验进行思维加工，便形成了教学思想。

教学思想来源于教学实践，但是，并非每一位教育工作者都能形成系统的教学思想，也并非每一个形成教学思想的人都必须亲身经历教育教学工作，因为教学思想是人们对教学实践认识的结果，它是以一定的世界观和教育观对教学经验的判断、概括与归纳，是对教学问题的理性认识。

教学思想是通过一些观念呈现出来的，生本教学的基本观念如下。

（一）生本教学以学生为本

以学生为本的教学思想由来已久。

伊拉斯谟、蒙田、维夫斯等人文主义教育思想家认为，教育应以人的自然属性为本；儿童的天性具有"自然的倾向"，并将其视之为天赋能力和获得成就的自然动力；教育教学主要是一个由学习者的本性所决定的过程，教育教学应顾及儿童的天性，应依从儿童的自然本性。之后，以儿童的内在自然为本这一思想在新教育运动、进步教育运动、实用主义教育理论和当代人本主义教育思潮中一直得以传承。

上述教育现代性"以学生内在自然为本"的思想对于今天的教学仍有重要的启发意义，但是，今天我们所倡导的"以学生为本"不同于"以学生内在自然为本"。

今天，我们所谈到的"以学生为本"，其内涵如下。

1. 尊重学生的客观存在

马克思人学思想与西方人本主义的根本区别在于马克思把人视为社会活动与社会关系中的现实的人。人是一切社会关系的总和。"每一个人的发展是一切人发展的前提和条件。"[①] 人类社会追求的最终目标是实现人的全体的自由和全面发展。

将这一原理运用到教学实践，我们可清楚地看到，我们的教学对象是存在着学习基础、学习兴趣、学习能力差异的具体的个体，是鲜活的存在者，而不是一个抽象的群体。

2. 尊重学生的人格

尊重，即尊崇而敬重，尊重就是给任何人一样的尊严。马斯洛的需要

---

① 吕世荣. 关于以人为本的思考 [J]. 河南大学学报：社会科学版，2006(06)：79.

理论指出：尊重是人的需要，人的内心都渴望得到他人的尊重。同时，尊重他人是一种高尚的美德，是一个人内在修养的外在表现，是一种智慧，也是一种文明的社交方式。

尊重是以学生为本的基本要素之一，其主要内涵包括以下几个方面。

第一，教师自我尊重。教师自尊的内涵是很丰富的，主要包括道德品质要自律、专业发展要提升、教学艺术要提高、教育技术要与时俱进、教学研究要有所建树等。教师自尊，既是为了赢得学生的尊重，更是个人修养与职业的要求。

第二，教师尊重学生。尊重他人人格是人际关系最基本的要求。

第三，学生自尊。自尊既是学生学习（修养）的重要内容，也是学习进步的基本保障条件之一。

第四，学生之间的相互尊重。

第五，尊重他人的劳动。学生要尊重教师的劳动，尊重教辅人员的劳动。爱护公物也是一种尊重。

第六，尊重生命。既要尊重自己的生命、他人的生命，也要尊重动物的生命、植物的生命，不乱踩草坪就是尊重生命的一种具体体现。

3.尊重学生学习的主体地位，增强学生的主体意识

教育以人为本，即办学以教师为本，教学以学生为本。以学生为本思想的核心是教育必须把增强学生的主体意识、提升学生的主体地位放在首位，并作为一切教育活动的首要原则。学生的主体性表现为自主性、能动性和创造性。"以学生为本"，培养和强化学生学习的主体意识，强化其自主性、能动性和创造性比简单的"知识增长"更为重要。

4.尊重学生的话语权，开展民主"对话"

教学是一种"对话"。"对话教学法"可追溯到苏格拉底的"助产术"教学法，即通过提问，引导学生"发现"显而易见的唯一正确的答案。这种对话就对话双方而言是不平等的；就对话内容而言是封闭性的、先验性的；就对话内容的性质而言是知识性的。显然，这种对话是典型的"以教师为中心"和"以知识为中心"。以学生为本的或反"中心"的后现代主义对话要求对话具有开放性和启发性。

相对于传统对话的真理探索，后现代主义对话的范式是建立在经验基

础上的意义建构。这种对话超越了传统哲学的主客观二元论，从根本上改变了传统教学中师生的角色，传统意义上的师生变成了教师学生和学生教师，二者之间失去了绝对的对立，因而后现代主义对话也就不再存在先验的结论和固定的答案，所有的问题、假设以及先前的观点都可成为质疑的对象。因此，后现代主义对话可使对话本身具有无限的创新性。

后现代主义的"对话"对于纠正传统教学中教师的话语"霸权"具有积极的意义。但是，不论是强调转变教师角色，还是改进教学"对话"，我们都不能从一个极端走向另一个极端。

科学问题必以事实为依据，求真求实；社会问题必以一定的世界观和价值观为评判依据，求善求美。从这个角度上看，一切问题都应有其"唯一性"。只要社会存在着主流价值观，那么教师在对话中的引导作用就必不可少。

5.以学生发展为本

在教学中，学生的根本利益就是发展。以学生为本的教学的基本目的是实现学生发展，学生发展的内涵是丰富的。

第一，全体发展。学生发展，绝不仅仅是"精英"学生的发展，而是每一个学生，特别是"学习困难"学生和"心理困难"学生的发展。

第二，全面发展。学生需要在身体、心理、品德、智能等各个方面都得到健康发展。

第三，均衡发展。在全面发展的基础上，实现各个方面的协调发展，但均衡发展不等于平均发展。

第四，目标性发展。学生的发展分为共性发展与个性发展。学科教学目标属于共性发展目标，学科教学必须完成教学任务，达到课程目标。在实现共性目标的前提下，突显个性发展。

第五，群体发展。个体发展是在群体发展中实现的。人不仅具有自然属性，而且具有社会属性。人的社会属性是在人的生产活动与生活活动中产生的，人的重要特性在于人的社会性。学校、班级就是一个社会、一个集体，离开了这个"社会"，就不存在"个体"的发展。

第六，自觉发展。自觉，即自己有意识地主动去做。自觉发展，即根据外在环境条件与要求和自身条件与需要安排自身发展。

教育教学具有教育本体功能与社会功能。教育的本体功能是促进学生个体发展，满足个体发展的需要；教育的社会功能是满足社会发展对教育的需要。个体发展的需要与国家（社会）需要是辩证统一的。

"以学生为本"并非指学生个体（个性）的自由而任意的发展。"以学生为本"中的学生，既包含学生个体，又包含学生群体。个体的发展需要尊重群体的发展，在群体发展的基础上实现个体的自由而生动的发展。

第七，最快发展。从教学效率的角度看，生本教学力求以最小的投入获得最大的产出，即教师和学生的教学投入要获得学生最大的发展。

第八，最大发展。生本教学要实现学生潜能最大限度的发挥。

第九，持续发展。学生的发展是持续性的，每一节课，每一学期，学生都必须有所发展。人的发展无法通过教学直接实现，它是通过知识的积累、认识与能力的提高内化为素质而实现的。

在哲学意义上，学生是未完成的、有待不断完善的社会存在物。教育的功能就是要使学生的潜能得到最大限度的开发，从而不断发展。潜能发展不是盲目的，当潜能发展与适应性发展相协调时才能不断增强人的创作意识，才能实现人的价值。持续发展的过程就是人的价值不断增值的过程。因此，学生发展是一项持续性、长久性的工作。

6. 学生既是教学价值的主体、价值标准，又是评价者

价值观是以科学和价值的统一为原则的。所谓科学就是遵循规律，所谓价值就是满足主体的需要。

主体价值需要的满足是建立在遵循客观规律的基础上的。主体不是万能的，主、客体地位的确立以及主体需要的实现都不是任意的，一方面要受客观规律的制约，另一方面又要受人们实践水平的制约。

客观规律是人们价值目标实现的依据，离开客观规律单独谈人的价值目标和价值实现是不科学的，最终也是徒劳的。

在社会历史中，人的实践活动形成了历史，历史是人民群众创造的，群众是社会的根本。一方面，社会发展具有一定的规律，这种规律是客观存在的，是不以人的意志为转移的；另一方面，社会历史的发展又具有一定的局限性与条件性。

只有在认识、把握这一规律的前提下，发挥人的主观能动性，克服历

史的局限性或等待历史发展条件成熟，才能利用这一规律，才能进一步推动社会发展。

教学也是如此，首先，检验教学质量高低与教师教学效果的标准是学生的发展。只有学生的发展需要得到满足，教师的劳动才有价值。人是万物的尺度，学生是教学的尺度。其次，教师的指导作用，只有在遵循学生群体与个体发展规律的前提下，才能发挥最大的作用，才能体现教学的价值。

7. "外铄"与"引发"有机结合

教育教学的实质一直是人们争论的问题。"中国教育侧重于'外铄''规范'，视学生为可塑物，西方教育侧重于'引发''生成'，视学生为'种子'"。①

以学生为本，承认学生发展的内在潜能，承认学生所具有的天赋的力量和能力，承认学生具有天生的发展倾向。但是，我们又认为，第一，学生的发展具有阶段性与最佳时效性。教学的价值就在于适时地挖掘学生的发展潜能，而不是任其自然发展。第二，学生的发展是个体需要与社会需要的辩证统一。

离开了社会需要，个体发展就失去了意义与价值。因此，"外铄"是教学必不可少的一个方面。但是，"外铄"必须是以"引发"为前提的，同时，"外铄"又必然加快"引发"。"外铄"与"引发"是辩证统一的。

8. 改善教学条件

改善学生学习条件是以学生为本的基本要求与基本内容。学生的学习条件分为硬条件和软条件，前者包括教室、教学媒介、图书馆、实验室等，后者包括教师的教学水平、教学能力以及更深层的教学理念与思想。

总之，以学生为本就是以学生的实践活动为本，以学生的发展为本。只有践行这一理念，并将理念变为行动，学校的发展才是既合规律性又合目的性的；才能既维护学生的根本利益，又保障国家的人才需求，从而实现教育本体功能与社会功能的一致性。

"以学生为本"始终把学生的根本发展放在第一位，要做到眼下的需要服从长远的需要，局部的需要服从整体的需要。生本教学把课程目标的达成与学生个体的长远发展目标视为教学的根本任务，任何教学活动都要有助

---

① 成有信．教育学原理 [M].郑州：大象出版社，1993.

于这一任务的完成。学生的学习任务是通过教师与学生"对话"完成的,而不是教师强加给学生的,更不是学生自己随意制定的。同样,这一任务的完成,也不是教师强逼着学生做的,而是通过师生的"交往与对话"实现的。

开展以学生为本的教学要特别注意处理好下列几个关系:一是学生个人发展与教育目标之间的关系。以学生为本,是以学生的健康成长与发展为本,这种发展不是放任性的发展,而是在国家课程目标范畴内的发展。二是制度管理与人文关怀的关系。一方面,要有严格的管理制度,"依法治学";另一方面,也要有宽松的发展空间和浓厚的人文关怀。三是学校利益与学生利益的关系。教学要遵循教育规律,教学改革要有助于促进学生的培养,有利于学生的成长。①

(二) 生本教学提倡学习有用的知识

教学的根本旨意是促进学生发展,发展的基本内容是学习,学习的基本内容是知识。在当今时代,知识的量呈现几何级数增长,学生不可能接受所有的知识,因此,教学不应只追求学生知识量的简单增长,而应追求让学生掌握有用的知识,这是生本教学的基本观念之一。

1. 学习学科的核心概念与基础知识

各学科在学生发展中所起的作用是不同的,也是不可替代的。对于学生发展来说,各学科具有同等重要的作用。在学科教学促进学生发展的过程中,学科核心概念与基础知识是最基础的。

2. 学习对生活有用的知识

生活中,有用的知识很多,我们要根据学生的年龄特点,自低年级到高年级,由浅到深,使其逐步掌握生活中有用的知识,并指导他们在生活中运用这些知识。

现在,科技日新月异,社会不断进步,终身学习已经成为社会对我们的基本要求。为此,我们的教学内容不仅要包括知识,而且要包括对终身发展有用的掌握知识的方法和思想。

---

① 陶明达. 以学生为本辨析 [J]. 青少年研究, 2003(01): 36.

(三) 生本教学更加重视知识促进学生能力的形成与发展

学生的发展是知识与技能、过程与方法、情感态度与价值观的辩证统一，是这三个领域的全面、协调发展。生本教学中，知识只是作为能力发展的基础与媒介，因而不追求学生知识量的简单增长，而是重视知识结构与联系，重视知识所蕴藏的思想与观念，重视知识对于促进学生能力形成与发展的作用。

爱国主义、集体主义、社会主义是我国社会的主流价值，也是一种符合人类社会发展规律的价值选择。但是，主流价值不一定能成为每个学习者的自愿选择，也不一定会在学习者个人的生活实践中自发形成。为此，教师要积极地运用教育手段及其他社会环境影响条件，让民族的、历史的价值选择成为每个成长中的个体的自愿选择，这是中国现代教育的责任，也是中国现代教育面临的最大挑战。[①]

生本教学中，教师有义务，也有责任结合教学内容帮助学生澄清思想认识方面的困惑，激励他们奋发向上，并立志为祖国建设做出贡献。

(四) 生本教学处于不断创新状态

生本教学是在反思与批判"以教师为中心"的传统教学中形成的，传统教学中许多合理适用的思想与做法对生本教学仍具有重要意义。同时，面对新形势、新要求、新需要，我们必须改良、改革传统教学，变"以教师为中心"范式为"以学生为本"范式。范式的改变，必然导致教学理念、教学策略、教学模式、教学评价等都随之相应地转变。

1. 对教师在教学中的作用更加重视

传统教学一直假设教师是"社会化"的人，其实不然，有的教师的"社会化"水平还相当低。正因为如此，许多教师一直只能是一名"教学匠"型的教师。生本教学强调师资力量，认为学校的教学质量决定于师资质量，且教师在教学中的价值会随着社会对高质量教育需求的增强而进一步提高。为此，生本教师应是专业化水平不断提高的教师。

---

① 文言吉. 课堂教学的本质与好课评价问题 [J]. 人民教育，2003(3-4): 13.

2. 对教学过程的活动性更加注重

知识是教学内容的表现形式，以知识为载体的思想、方法以及各种能力是教学内容的核心。知识可以传递，但是方法与能力（素质）却不能传递。

"发展与培养不能给予人或传播给人。谁要享有发展与培养，必须用自己内部的活动和努力来获得。"① 因此，生本教学主张教学过程"活动化"，通过开展各项活动，争取让每一个学生都能参与到教学中来，让每一个人都能主动地参与，在参与中增强对学习内容的体验，增强对学习内容的理解，尽早将知识"同化"为自己的思想、能力和素质。

3. 对教学的系统性更加注重

教学的系统性是由教学内容的内在联系性与结构性、学生学习的递进性（规律）决定的。生本教学根据教学内容的内在逻辑性和学生的递进性认知规律，将教学难度定位于"学生最近发展区"，并有计划地逐渐向前推进，既促进学生形成一个完整的认知结构，又保障学生的各个方面协调发展。

教学的系统性也是教学整体性的外在表征。生本教学强调学生从宏观上把握知识的内在联系，从方法论上把握学习方法。

（五）生本教学是预设性教学与生成性教学的有机结合

预设性教学泛指预设教学目标、教学过程和教学内容等的教学。此处所谈预设性教学特指基于预设性教学资源的教学，相应地，生成性教学则指基于开发即时性教学资源的教学。

在教学内容"以知识为中心"的教学中，教学过程完全是预设性的，如在一级教学环节上，由复习提问到导入新课、讲解新课、巩固新课、布置作业等，一环扣一环，每一环节所要完成的任务与需要的时间都是课前预先设计好的。因此，预设性教学也是封闭式的教学。

生本教学的课程由"内容"取向转向"过程"取向，课堂教学方式汲取"对话"与"交往"的新形式，在整体上，教学是预设性的，但是在活动中却倡导生成性教学。预设性能确保知识目标达成，生成性则有助于能力与情感目标的达成。

---

① 第斯多惠. 德国教师培养指南 [M]. 袁一安，译. 北京：人民教育出版社，1990.

(六) 生本教学是多元价值的有机统一

一般认为，教学既要体现学生个体价值取向，又要体现社会价值取向。生本教学在强调个体价值取向与社会价值取向辩证统一的同时，还必须考虑到教师的教学价值。

教学要全面贯彻党的教育方针，坚持教育为社会主义现代化建设服务，为人民服务，与生产劳动和社会实践相结合，培养德、智、体、美全面发展的社会主义建设者和接班人。教学要体现国家意志，要充分地进行社会主义的主流价值观教育，要适当地结合具体教学内容，对学生进行爱国主义教育、人生观教育(励志教育)、价值观教育、集体主义教育等。

强调教学的社会价值取向，并非否定教学的个人价值取向。

个体的发展是在社会发展之中实现的，没有离开社会发展的个体发展。所以，教学的本体功能与社会功能是辩证统一的。人类的存在与个体的存在，在本质上是一致的。生本教学反对人为地割裂个体与群体的关系，反对将人的个体与类对立起来。

教师的教学价值，从根本上讲，体现在教学的社会价值与学生的个体价值之中，体现在更深刻地促进学生发展上，但从表面上看，教师的教学价值却体现在为学校教学发展的贡献上。目前，这种贡献往往被狭隘地理解为学生在考试中取得较好的成绩。

在本体上，社会价值取向、学生个体价值取向与学校价值取向以及教师价值取向是一致的，但是社会、家长对教学质量评价的片面性往往导致学校教师在教学愿景的追求上本末倒置，即忽视学生基本素养的发展，而过于追求应试能力的发展。

应试能力是学生基本能力的一部分，稳定的、高效的应试能力是建立在良好的基本素养之上的，是以能力的全面发展为基础的。有的学校之所以过于追求应试能力，是因为他们没有在基础年级促进学生能力的全面发展。

生本教学自始至终都把应试纳入能力范畴之中，把实现学生各个方面潜能的最大发展视为根本目标。

第三章

生本教育理念在小学语文课堂教学中的应用

第一节　生本教育理念影响下的课堂教学

一、生本教育理念与小学语文教学

(一) 生本理念促进了小学语文教学形式的多元化

生本理念使小学语文教学的形式更加丰富多元。语文是人类社会科学的一门重要学科，是人们相互交流思想的汉文及汉语工具，它既是文字规范，又是文化艺术，同时也是我们用来积累和开拓精神财富的一门学问。

自从生本教育出现在小学语文的课堂，学生逐渐回归语文课堂，可以是在教室里积极地探讨；可以是利用多媒体收集语文信息；可以是在户外观察动、植物；还可以进行其他活动。

学生能从不同方面认识语文，了解语文，学习语文。语文无处不在。教师从单纯的教师教、学生学的误区里走出来。著名教育家叶圣陶老先生说过"教是为了不教"。[①]

小学语文教学在生本教育的助力下由教会学生学会向教学生会学转变。学生在多种多样的形式下学习语文，能培养学生的自主学习能力。

(二) 生本理念能促进语文课堂气氛活跃

生本理念能使语文课堂气氛更加活跃，从而促进语文教师与学生的共同发展。

在生本课堂中，教师起主导作用，教师的教与学生的学是相互促进的。走出了满堂灌的教学模式。语文教师一个人的思维是狭窄的，在充满想象力的几十个孩子面前，教师会发现原来所准备的教案，在真正上课时，远远满足不了学生的知识需求。因此教师应关注生本教育，逐步改善自己的教学方式。

一堂语文课40分钟，如果不用对方法，对于学生来说，时间过得可以

① 叶圣陶. 大力研究语文教学，尽快改进语文教学 [M]. 北京：科学教育出版社，1980.

说是煎熬。然而，教师如果能以合作的关系与学生交流探讨，激发出学生无限的语文思维，40分钟的语文课就会过得很快，师生都会有一种意犹未尽的感受。

生本教育下的语文课堂，学生是课堂的主人，课堂气氛轻松积极，是师生共赢的课堂。学生从语文课本中走出，生活处处是语文，语文处处是生活。

(三) 生本理念能激发学生对语文学科的兴趣

生本理念激发了学生对语文学科的兴趣，使学生能够掌握学习的主动权。

在以往的小学语文课中，学生对语文这一科目的认知，大多是听教材，背教材，丧失了对语文学科的探究欲。

生本教育以其独特的方式走进课堂，使学生不再是"被教"地学，而是主动地"去学"。教师在引导学生的同时会调动学生的求知欲，激发学生对语文学科的兴趣，使学生能够主动去学，主动去想，主动去说。联系生活实际发现语文学科的乐趣与奥秘。

(四) 生本理念对学生的学习评价更加科学有效

生本理念能更科学、更有效地评价学生的学习状况，有利于激发学生的学习兴趣。

1. 课堂评价注重及时有效。语文教师在课堂中，要抓住教育契机，及时评价，对语文学习活动中出现的各种问题与学生的表现及时点评。小学生对教师的评价非常重视，因此，教师的激励性评价会促进学生的语文发展。

2. 课堂评价更加注重激励性。在指出学生语文学习方面的缺点的同时，教师要发现学生的长处并加以肯定，不打击学生参加语文学习的兴趣，避免带来负面影响。如主动举手的同学却回答错了问题，"这位同学积极举手回答的态度值得我们学习，相信再给他一点时间一定说得对"这样恰到好处的评价，会使学生不气馁，继续积极地探究问题。

3. 课堂评价方式更加多元。在语文课上，一节课结束时，会请学生来陈述作者想表达的思想或谈谈自己的感想。有时候，学生的回答或许不够完善，教师不能以标准答案为准，应鼓励学生探究答案的多样性，多称赞，这样小学生的脑筋就会开动起来。

总之，生本教育在小学语文教学中发挥着重要作用，小学语文教学需要新生命力注入，要摒弃沉闷单调的教学模式，生本教育的理念注入小学语文教学中，使学生对语文学科有了新的认识，学习兴趣逐步提升。但是，生本教育在小学语文方面也发现了不足，值得我们思考，亟待解决。

二、生本教育理念影响下的课堂特征

(一) 教学设计与实施要根据学情特征

课堂教学要想避免低效，体现生本，就要精心设计教学。即根据学情来备课，按照不同层次学生的实际情况进行教学。

在实施过程中，秉承为学生好学而教学的原则，这是生本课堂最鲜明的特点。学生在课堂里是具体的不是抽象的，并且充满活力。

学生是教学活动的参与者，离开学生来谈论教学是空虚的。因此，整个教学过程中，教师应站在学生的角度组织教学，尊重学生作为完整个体的独特情感和已有的认知水平，基于学情开展教学。

这里的学情，包括全体学生的基本学情，也包括作为具体个体存在的每个学生的差异学情。现实课堂中，教师习惯考虑绝大多数学生对某个内容的可接受程度，而忽略不同类型学生对同一内容不同的学习倾向和学习方式。

我们很难去顾及每一个学生的学习情况，这是班级授课制的弊端。因此，生本理念更容易在小班化的教学中落实，这样才有可能兼顾整体和个体。但这并不意味着普通课堂就应该放弃个体教学意识，哪怕课堂上难以兼顾，教师也应该在备课时多加考虑，为不同水平的学生设定有区别的教学目标，尽可能地贴近学情。

(二) 注重学生学习主观能动性的发挥

1. 增强学生的学习动机

信息时代要求我们活到老，学到老。因此，学校要帮助学生树立终身学习的理念，热爱并享受学习。教师在课堂里要引导学生养成积极学习的态度，主动适应社会发展的需要。

教师可以通过前景展望的方法，告知学生学习是一种精神需要，它能开阔视野、增加知识、提高能力、陶冶情操和改变精神面貌，使人们获得价值感和尊严感，激励学生为自己的未来努力奋斗。这些正面的学习动机可以为学生的学习提供较为持久的驱动力。

2. 注重激发学生的学习兴趣

生本教学的目标是提高学生的整体素质，促进学生的长远发展。因此，课堂里要注重激发学生的学习兴趣。兴趣是最好的老师，学生对学习有了兴趣，才会主动去学，才能有所进步。

在课堂教学中，教师可以通过激发学生的学习兴趣，达到消除学生的自卑心理的效果，从而提高教育的质量。肯定和表扬尖子生的成绩，鼓励和激发中等生的求知欲，帮助和指导差生的日常行为，使优、中、差三方面的学生都感受到学习的乐趣，实现共同进步和发展。

此外，激发学生的学习兴趣有助于培养学生的思维创新能力和质疑能力。生本课堂追求"生为本"，即以学生的发展为本，创新能力和质疑能力的增长是学生得到发展的最好证明。可见，激发学生学习兴趣，既能提高教师的课堂教学效率，又符合生本课堂追求的"发展性"目标。

3. 把学生当作课堂的主体

生本课堂相较于师本课堂，学生的主体地位受到重视，教学目的和教学过程都指向学生的主动发展。

一堂好课应当是具有生命活力的。学生是具有完整生命意义的个体，学生本身是教育的目的而不是工具。因此，理想的生本课堂，要为学生搭建发展的平台，使学生充满生命力。要把学生当作主体，遵循学生的成长规律，激发学生的主动性和创造性，使学生高效、快乐地学习。

学生是独立的生命个体，部分语言、思维和创造的能力是先天就有的，教师应当充分利用学生现有的能力，适当地将课堂交给学生，让学生自主地学习。如果教师过分预设教学内容、控制课堂，学生便得不到真正的发展。

教师是学生学习的引导者和促进者，不能用教师的教代替学生的学，必须把依托教师教的课堂模式转变为依托学生学的课堂模式，充分发挥学生的生命本能。

(三) 倡导合作探究的学习方式

提到生本课堂，谈论最多的是"自主"学习。自主学习包括个人自主学习和团体自主学习。其中团体自主学习最常见的方式是合作，这是独学与共学的有机结合，培养合作精神也是素质教育的重要任务。课堂中的合作学习方式，具体体现为学生在学习过程中互帮互助、共同进步的行为。

合作学习既需要小组成员的相互依赖，又需要个体强烈的责任感。学生在这个过程中学会互相鼓励，彼此取长补短，这就是共学的价值。强调合作，并不意味着排斥"竞争"，竞争可以激励学生把握机会，发展自我。但是教师要让学生认识到，合作比竞争更为重要，引导学生往良性化竞争的方向发展。在竞争中合作，在合作中竞争。

除了合作学习，生本课堂的另一显著特征是注重学生探究能力的发展。学生在提出问题、解决问题的过程中探究并获取知识，这个过程是开放的。

教师在鼓励学生进行探究学习时，要着重锻炼学生质疑解难的思维能力，培养学生不唯书、不唯师的精神，这就是我们常说的批判性思维的培养。学校教育的终极目标是培养有素质的社会人，能够自我探究式地解决生活中的问题。因此，在学校教学中引导学生学会探究，具有重要意义。

(四) 启发式的教学方式代替灌输式的教学方式

"生本"是针对"师本"提出的。所谓"师本"，即以教师为本，一切服务于教师的教。而"生本"强调的是学生主体，教师在课堂教学中，要把主动权交还给学生。生本教学强调学生主体并不意味着放弃教师的主导地位，教师主导和学生主体相互协调，才能搭建师生共进的生本课堂。

师生有效互动是生本课堂的重要体现。在互动的过程中，教师要采取后发式的教学方法而非灌输式的讲授方式。对话是启发的重要形式，师生间对话的质量取决于双方对彼此的理解程度。教师要尊重学生的话语权，从学生视角出发，不让对话流于形式，成为毫无思维意义的应答性活动。

三、生本教育理念影响下的课堂取向

自生本教育理念在我国提出以来，各地学校逐渐开始构建生本课堂。但什么样的课堂才算得上是理想的生本课堂呢？既然有"生本"，那要如何界定"师导"？师导是否意味着学生失去主体性？生本是否意味着教师地位的淡出？这些问题落实在教学实践中，呈现出种种观念和行为上的不同。目前关于生本课堂的取向主要有以下几种。

(一) 生本教育理念影响下的价值取向

相较于过去知识本位和能力本位的课堂，生本课堂的价值取向为：通过生命教育对学生的关怀，促进学生发展。学生是极具生命力的个体，教育的价值在于唤醒这份生命力而不是遮盖它，帮助学生健康快乐地成长。

《义务教育语文课程标准》强调了知识与能力、过程与方法、情感态度与价值观的三维目标统一，因此生本课堂的价值取向是对知本课堂和力本课堂的超越。这种超越具体表现在教学目标的确立上。

生本课堂在注重知识与能力目标的同时，注重情感目标的确立。与以往情感目标不同的是，这里的情感目标更加贴近现实。因为它是在完成认知目标的前提下，从学生心理出发，综合考虑学生群体的情感体验和生活经历，把目标的落脚点放在学生的发展上。教学的最终目标是为了学生的发展，因此，必须确立切实可行的目标，使课堂充满生命活力，使学生在体验和理解中感受到生活的意义。

(二) 生本教育理念影响下的师生关系

在生本课堂中，教师不是支配者，也不是附属者；学生不是知识的被动吸收者，也不是能力的受训者。教师的职责不再局限于传道、授业和解惑，作为学生在课堂里的知识导师和情感导师，教师的行为必须富有创造性。学生是课堂的主体，有自主的话语权，但这并不意味着教师要将课堂全部交给学生。二者在课堂里不是对立的、非此即彼的关系，而是共同进步的主体。在师生关系处理上，应注意以下几点。

1. 在理解的前提下进行师生交流

生本课堂中的教师行为，应当建立在教师对学生理解的基础上。通过理解，教师可以将课程知识和学生的人生经历联系起来。理解是师生对话的桥梁，教师理解学生，师生交往才能够平等。师生就文本展开对话，最终以动态生成的方式达成目标，实现价值。

2. 从学生的角度出发去解读文本

教师对文本的合理解读是有效教学设计的基础，是提高课堂教学效率和学生学习效率的保障。

在文本的理解上，教师除了要把握编者意图和文本的主导价值外，还要考虑学生与文本之间的对话。也就是说，教师的文本解读行为是在备课时完成的，学生的文本解读行为是在上课时产生的，二者在教学过程中对文本产生共鸣，才算是完成了对文本真正意义上的解读。若只是教师单方面的解读，课堂就算再精彩也无法触动学生的内心。因此，在文本解读方面，不能用教师的分析代替学生的体验和思考。

3. 教学内容要贴近学生生活

生本课堂对教学内容的选择偏向实践性，这有别于过去静态的、刻板的、一成不变的知识体系。"语文课程致力于培养学生的语言文字运用能力，提升学生的语文素养，为学生形成正确的世界观、人生观、价值观，形成良好个性和健全人格打下基础，为学生的全面发展和终身发展打下基础。"[①] 因此，在选择教学内容上，不能局限于教科书，还要从学生主体出发，联系学生的生活经验，选择有利于学生健康快乐成长的教学内容来开展教学活动。

4. 选择更有针对性的教学方法

教师不能在课堂上为了效率一味采用讲授法，应该根据学段和学情采用针对性的教学方法。低学段教学以兴趣和活动为主，可以借助形象直观的教学手段来创设教学情境，提高学生的学习实效。随着年级的增高，要关注学生理性精神成长和批判思维的形成。因此，可以选择后发诱导式的教学方法，让学生学会思考。同时，注重培养学生自主、合作、探究的学习能力。

---

① 尼央. 如何培养小学生语文素养 [J]. 传奇. 传记文学选刊 (教学研究), 2013 (05): 44-45.

5. 采取多样性的评价方式

评价的根本目的是促进学生的学习，改善教师的教学。教师要恰当运用多种评价方式，如形成性评价和终结性评价相结合，定性评价和定量评价相结合。同时注重评价主体的多元化，包括师生评价、生生评价和学生的自主评价。评价要以激励为主，增强学生的学习信心。

（三）生本教育理念影响下的教学结果

从教学结果上看，课堂里的关注点从知识、能力的获取转移到师生的生存状况和生命价值上。教学结果更加看重课堂当中所涉及的人文因素。基于教学结果"生本"的课堂，应当是学生有所收获，并且这种收获涉及学生的文化领域和精神层面。

综上所述，生本课堂是生本教育理念推行下的一种模式，这种课堂依托的是学生的生命本能，为的是学生的好学与发展。因此，笔者罗列了以上三种生本课堂取向，它们的关注点各有侧重，但最终的目的都指向学生的长远发展。

第二节　生本课堂教学的理论基础探索

一、人本主义理论

人本心理学是美国当代心理学的主要流派之一，由美国心理学家马斯洛创立，于 20 世纪 60 至 70 年代盛行于美国。美国人本心理学派的主要代表人物为马斯洛、罗杰斯、奥尔波特、弗鲁姆等，他们用人本主义心理学对 20 世纪 50 年代中期以后的传统式的教育进行批判和抨击，在一定程度上加速了人本主义心理学在教学领域的渗透与应用，并在美国教育界引起了很大的反响，促使人们对教学对象进行重新认识。在人本主义心理学的作用和影响下，逐渐形成了一种新的教育理论，它就是人本主义理论。

人本主义认为，人具有高于一般动物的潜能。人本主义将人的需要按重要程度，以金字塔的方式由低到高分层，而发挥人的潜能和实现自身的价值是人的最高层次心理需要。因此，教育的目的是实现人的价值，促进学生全面的发展，让学生的潜能得到充分的挖掘，尊重学生，培养有独立个性的"性格完整的人"。①

人本主义观点具体可以归纳如下。

人本主义学生观。人本主义学生观认为教学必须以学生为中心，把学生看作"人"，在学习和生活中要充分考虑学生的需求、思想和情感。人本主义指出：学生在学习上必须有充分的选择自由，学生在进入课堂之前，已经在生活中积累了大量的经验和情感，学习内容应该是学习者认为的有意义有价值的知识或者经验。②

人本主义教师观。人本主义教师观十分反对"教师为中心"的传统教学模式，主张教师应该时刻把学生放在教学主体的位置，充分考虑学生存在的个体差异，教师在教学过程中，不是知识的传授者、道德的示范者，而是学生学习的促进者、帮助者和鼓励者，教师应该尊重学生、理解学生、关爱学生、与学生做朋友。③在教学中要努力创造一种轻松、和谐的课堂，形成平等、互助、和谐的新型师生关系。

人本主义学习观。人本主义学习观认为学习是学习者有意义的心理过程，重视学习者以往的经验在学习中的作用，对于某一特殊事物，不同经验的学生的反应方式和水平常常是不同的。

人并不应该被看作刺激—反应联结的机械的结合，而应被看作一个有目的并且能够选择与塑造自己的行为，并且能够在其中得到满足的人。学生在学习中有自己不同的体验和感受，这种感受既不是单纯地看，也不是单纯地听，而是思维和各种感觉相结合而产生的一种综合效应。④

总的来说，在教育中，人本主义强调教育的目标是培养"完整的人"，通过教育使人的身心得到全面的发展与训练，促进人的变化和成长，即培养能够适应变化和成长的人，学会学习的人。⑤因此，在人本主义看来，学

① 杜光强.人本主义教育理念对当代教育的启示 [J]. 内蒙古师范大学学报（教育科学版），2011，24(01)：1-4.
② 朱雅丽，宋荣君，孙晔.人本主义心理学在大学英语口语教学中的应用 [J]. 科技创新导报，2011(11)：149-150.
③ 朱霞，何齐宗.人本主义的教师观 [J]. 教育学术月刊，2009(10)：6-9.
④ 马宝元.人本主义学习理论及其对我国基础教育改革的启示 [J]. 鞍山师范学院学报，2004(04)：97-100.
⑤ 化得福.论罗杰斯的人本主义教育思想 [J]. 兰州大学学报（社会科学版），2014，42(04)：152-155.

校和教师应该首先把学生看作"人"，树立以人为本、学生为本的理念，强调学习应为学生而设，教师应为学生而教，学生是有思想、感情、需求以及各种能力的活生生存在的人，"教人"比"教书"更加重要，学校和教师必须充分尊重学生，相信学生的能力，给予他们选择的自由，管理自己学习的机会。在教育过程中把他们看作平等的参与者、合作者以及教育与自我教育的主体。

二、建构主义理论

建构主义理论最早由瑞士认知心理学家皮亚杰于1966年提出，并形成一种独立学派，被称为"皮亚杰派"，在认知发展的领域中，它是最具影响的学派。

作为认知心理学派的一个分支，建构主义理论在其后的发展中，广泛吸取了有意义学习理论以及历史文化心理学理论等多种理论，在20世纪90年代后期，最终形成了一种哲学思潮。

从学习理论角度来讲，建构主义的出现是认知主义的进一步发展，是心理学家对人类认知规律和学习过程持续深入研究的结果。建构主义学习理论的变革，十分强调学习者在学习中的主体作用，强调学习的情境性、主动性以及社会性。近年来新课程改革就是以建构主义作为理论基础之一的，其中包含科学教育。

建构主义的教学思想主要有以下几点。

(一) 建构主义知识观

在建构主义者看来，知识具有经验性和相对性。

一方面，世界上并不存在"绝对的真理"，科学知识只是对现实世界的一种假设和解释，随着人类认识水平的提高，新的假设和解释会替代旧的，知识获得更新。

另一方面，知识的获得是人自身主动建构而不是自身被动接受的过程。学生并不只是携带着空白脑袋进行课堂学习的，在学习科学知识之前，他们在日常生活中已经形成了对一些事物的看法，会根据自己已有的体会与看法对所学知识进行主动建构，并且需要在学习活动中与他人磋商，调整和修正这种知识在自身的构建。

(二) 建构主义教学观

建构主义的教学观主张在教学中，要以学生为中心，突出学生的主体地位，教师一改传统的角色，真正成为学生的"组织者、协作者、指导者"。教师在教学中要关注学生已有的知识经验，创设意义情境，活跃教学氛围，使学生通过小组协作或独立思考等活动，提高学生的兴趣、主动性、积极性和创造精神，最终实现知识的主动建构。

(三) 建构主义学习观

皮亚杰理论的辩证性非常强，在进行儿童认知发展研究的时候，采用了内、外因相互作用的观点。在此研究基础上，他强调了学习的情境性，在教学中，创设一定的情境，这样儿童之间可互相协作或者借助别人的帮助，自主地进行知识的意义建构。

在建构主义者看来，学习是学习者与外部环境之间的互动过程，学生通过对原有经验的积极构建，主动获得新知识，有时也需要对自己原有的经验进行一定的修正、改造和重组，这样的学习是一种动态的过程。"情境""会话""协作"以及"意义构建"作为建构主义的四大要素，在整个学习过程中发挥着极其重要的作用。因此，建构主义的观点是：学习是一个主动的、合作的、情境的意义构建构成。

三、"最近发展区"理论

苏联教育家维果茨基于20世纪30年代最早提出最近发展区理论并将其引入学生心理学研究之中。他的著名论断"良好的教学应该走在学生的前面"，则明确地说明了教学的着眼点应是学生的明天，好的教学必须是走在学生发展前面的教学。[①]

维果茨基强调教育对儿童发展有主导和促进的作用，教学必须先确定儿童的两种发展水平：一种是儿童现有的、已经达到的发展水平，即学生自

[①] 王文静. 维果茨基"最近发展区"理论对我国教学改革的启示 [J]. 心理学探新，2000 (02)：17-20.

已独立解决问题、完成任务的水平；另一种是学生潜在的发展水平，即学生在成人或有经验的人的指导下所可能达到的解决问题的水平，这两种发展水平之间的差距就是"最近发展区"。

要指出的是，教师的教学区一定要在学生现有的发展水平之前，但决不能超过这个水平，否则无异于是揠苗助长。另外，不同学生具有不同的最近发展区，教学应考虑学生的具体情况，给具有不同最近发展区的学生组织不同的任务，使每个学生都能够接受最适合自己、最有利于自身认知发展的挑战。

维果茨基的"最近发展区"理论指出教学应该总是与学生的需求和能力水平相适应，并且具有一定的灵活性和弹性，同时强调了学生发展的可能，也为学生的发展提供了很大的可能性，让教师的教学也有了合理的范围，并且对教学活动的设计与组织起到了指导性的作用。

传统教育背景下，教学的主要任务是"升学"，其本质就是知识的讲解与传授，而在如今要求创新的时代背景下，伴随着新课程改革的大力践行与实施，教育的本质再也不只是被动地学会知识，而是充分激发学生学习探究的兴趣，自主学习，掌握知识学习的方法，使学生全面发展，这正好与维果茨基的最近发展区理论中重视激励和激发的思想契合。

在维果茨基看来，教师在整个教学过程中应该处于主导的地位，他们不仅仅是单纯的传授者和解惑者，更多的是扮演着"帮助者"和"促进者"的角色，为学生服务，促进学生全面发展，这样的方式对于学生在脑海中建构自己的知识有很大的帮助。因此，"最近发展区"理论为小学科学"生本教育"更好地实施科学教学提供了依据。

第三节 基于生本教育理念的小学语文课堂教学设计原则

教学设计原则是指教学设计应遵循的基本规则，生本课堂的小学科学教学设计，理应体现新课程的理念、符合小学科学学科特点、有利于学生科学素养的形成。根据笔者在教学中对小学科学生本课堂的教学实践，以及生本课堂教学设计原则的理论，综合前人的有关探讨，笔者认为，体现生本理念的教学应该遵循以下几个方面的原则。

一、主体性原则

"传统学校的重心不在儿童本身的天性之中，而在教师、在教科书或是在其他你所能预想到的任何地方。"[①] 在传统教学中，大多情况下都是以教师为中心，很少关注学生的主体性，这对学生能力的发展显然非常不利。要关注学生的主体性，就要关注学生的兴趣，兴趣才是学生最好的老师。

因此，教学设计必须首先关注学生的主体性，将学生的发展作为根本，充分尊重学生；其次，教师在教学活动中，是作为伙伴的角色，引导学生进行学习；再次，生本课堂的教学设计，必须站在学生好学的角度上进行，依据学生已有的生活经验和认知水平，使学生以前的知识和即将要教授的内容产生一个有效的知识衔接点。最后，就小学语文这门课程来说，它是以实验为基础的，十分注重学生在学习过程中的体验以及探究，与生本教育的核心、理念是一致的。

生本教育所提倡的学习，不仅是一个智力活动的过程，更是一种学生情感发生、发展的过程，这是一种生命活动的过程。因此，在进行教学设计时，更应该从学生的角度出发而不是从教师的角度出发进行设计。

二、生活性原则

建构主义学习理论认为，进入教室之前儿童的脑袋不是一张白纸，在他们日常生活和以往的学习中，已经具备相关的知识经验，因此，教育不能脱离和忽略学生的生活。

课程标准充分强调了科学与现实生活的联系，明确提出了科学教育教学要从学生已有的生活经验出发，要求学生能够利用学到的知识去解释生活中的相关现象，并解决与所学知识有联系的实际问题。

三、互动性原则

新课改的实施，要求改变传统教学中片面强调教师主导的观念，强调教学关注的是"人"的发展，充分体现了学生的主体性。教学从本质上来讲，它是

---

① 顾凌云."生本教育"理论在课堂教学中应用 [D]. 宁波：宁波大学，2011.

一个教师与学生交往的过程，是一个积极学习、互相探讨、共同发展的过程。

在教学中，教师需要营造出平等、和谐、民主的课堂氛围，极大地激发学生的学习热情与主动性。

在教学设计中，教师可创设情境，精心设计前置作业，精选问题，激发学生的思考，正确引领小组和班级积极地进行有意义的交流和讨论，在此过程中实现师生互动、生生互动，领悟知识，培养能力，形成相关的情感、态度、价值观。①

四、实践性原则

教学设计是一门理论与实践联系的"桥梁科学"，我们不仅仅需要关注其理论的科学性，更要关注其是否能够有效解决课堂教学的实践问题，能否促进学生的全面发展。作为基础学科的语文，注重学生的切身体验和自主探究，与生本教育的理念是一致的，然而语文课堂是随课堂情境不断生成的，多数是无法提前预判课堂走向的。②

因此，生本课堂的教学设计应该是动态的，在课堂实施过程中，必须根据课堂教学情况的变化而变化，教师切忌对教学设计机械理解、盲目照搬。

---

① 王清.生本取向的地理教学设计研究与实践 [D].武汉：华中师范大学，2011.
② 赵凌云.浅谈生本教育在初中科学课堂教学中的体会 [J].现代阅读（教育版），2013(01)：99-100.

第四章

生本教育理念在小学语文古诗教学中的应用

第一节 古诗教学的阐释

一、古代诗歌阐释

(一) 古代诗歌

诗歌最早起源于劳动，是人们为了协调动作、消除疲劳而创作的。最初与音乐和舞蹈相结合，后来才单独流行。中国古代称不合乐的为诗，合乐的称为歌。现代统称为"诗歌"。诗歌与人们的生活和情感密切相关，是人们内心情感与愿望的表达。正如《毛诗大序》中说："诗者，志之所之也。在心为志，发言为诗。"[①]

诗歌的基本特征是通过抒发强烈的感受和情绪以反映社会生活，要求运用高度集中的艺术概括和丰富生动的艺术形象，将生活中的事件、场面与诗人特定的感受、情绪紧密交融，通过简洁凝练的语言、分节分行的句式章法和鲜明和谐的节奏韵律加以表现。

按内容性质，可分为叙事诗和抒情诗；按语言组合有无格律，可分为格律诗和自由诗；按押韵与否，又可分为有韵诗和无韵诗。

"中国古代诗歌，一般称作旧诗，是指用文言文和传统格律创作的诗。广义的中国古代诗歌，包括中国古代的各种韵文如赋、词、曲等；狭义的中国古代诗歌则仅包括古体诗和近体诗。"[②]

在本书中，"古代诗歌"是指"近体诗"中的五言绝句和七言绝句。五言绝句，句数固定，全诗四句，每句五字，仅二十字，便能展现出一幅幅清新的画图，传达一种种真切的意境。

七言绝句，同样句数固定，全诗四句，每句七个字，共二十八个字。其特征基本与五言绝句相同，押韵严格，讲究平仄。笔者之所以会选择近体诗中的"五七言绝句"，一方面考虑到"古诗吟诵"是根据古代诗歌的节奏和韵

---

① 张小燕，陈佳. 诗词格律诠解 [M]. 北京：中华工商联合出版社，2017.
② 张小燕，陈佳. 诗词格律诠解 [M]. 北京：中华工商联合出版社，2017.

律进行的，而五七言绝句刚好句数固定，严格押韵，讲究平仄，符合吟诵的基本规则；另一方面，选择"五七言绝句"作为研究的代表还有一个更重要的原因，即笔者做过统计，在小学阶段中要求学生们诵读和掌握的古代诗歌多数都是"五七言绝句"。

(二) 古代古诗的特征

古诗是中国独有的传统文化遗产，但由于时间太长，其很多东西与现代汉语差别很大。字、词、句与现代汉语大不相同，很难读懂。

小学生由于文化积累还不够，对古代文字的理解不够深入，理解起来更有难度。但古诗文字华美，意境深远，具有韵律美。它言简意丰，拥有语言高度凝练和跳跃的特征。它用极其有限的文字表达了尽量丰厚的意蕴。

古诗最大的特点可用一个字来概括："美"，即意境美、语言美、音乐美、形象美。

1. 意境美，是指诗中所刻画的场景与作者的思想、情感融合为一体，而形成的具有艺术意境的美，正所谓"诗中有画，画中有情"。作者选择最具有特征的事物，或最有意义的画面，或最直观的感受来抒情、言志。以此来启迪读者展开丰富的想象，去领略丰富的意境与情感，并从中受到陶冶。

2. 语言美，指的是古代语言简洁生动，常用夸张、比喻、象征等方法传达自然之美、社会之美和艺术之美。如"飞流直下三千尺，疑是银河落九天""欲穷千里目，更上一层楼""忽如一夜春风来，千树万树梨花开"。这些诗句读起来真是美妙至极。

3. 音乐美，指古诗的押韵和节奏。古诗音韵融合，节奏鲜明，所以读起来朗朗上口，美妙动听，随即产生了韵律之美。

4. 形象美，如张继的《枫桥夜泊》："月落乌啼霜满天，江枫渔火对愁眠。"这首古诗中，"月落""乌啼""江枫""渔火"这些形象组合在一起，离愁别绪跃然纸上，显示了形象之美。

二、小学古诗教学阐释

(一) 古诗教学

古诗教学一般流程是教师解释题目、带领学生朗读一遍、逐字解释诗句的意思、指导学生有感情地朗读、品读赏析古诗的意境、组织学生背诵、默写古诗。达到"会读、会背、会默写"的一般目标。

(二) 小学古诗教学

《中国小学教学百科全书教育卷》对"教学"做了如下定义："以课程内容为中介的教师教和学生学的共同活动。其特点为通过系统知识、技能的传授与掌握，促进学生身心发展。"小学古诗教学，即以小学阶段所需要学习和掌握的古诗为教学中介而进行的教师的教和学生的学的共同活动。

小学古诗教学旨在通过学生对古诗的学习，培养学生的想象力、审美力及创造力。

"性情的涵养和想象力的培植，在教育上是重要的项目，尤其在小学教育阶段。涵养和培植必须有所凭借，而最好的凭借便是诗歌。"[①] 小学古诗教学是传承中国传统文化的一种方式，学生能够在古诗的学习中获得鉴赏诗歌作品的能力，同时还能够丰富知识体系和提高能力。

古诗教学的基本步骤可分为：导入，了解作者、理解诗题，理解字词，复现意境，细化分析，延伸提高。

党的十九大报告中多次提及全面复兴传统文化。古诗作为中国优秀传统文化的重要组成部分，既承担着传承民族文化知识的作用又起到涵养民族情感和唤醒民族文化意识的功能。语文课程致力于培养学生的语言运用能力和学生综合素养的提升。

《语文课程标准 (2011 年版)》(以下简称课标) 指出，语文课程对继承和弘扬中华民族优秀的文化传统和革命传统，增强民族文化认同感，增强民族凝聚力和创造力，具有不可替代的优势。古诗教学可以帮助学生形成正确的世界观、人生观、价值观，并为形成良好个性和健全人格打下基础。教材改

---

① 张平仁 . 古诗理论与小学古诗教学 [M]. 北京：人民教育出版社，2015.

革后统一部编版教材从小学一年级开设古诗文。

新课程改革对于优秀古诗文学习非常重视，一是由于众多有志之士对中华民族优秀文化传承的自觉性。二是由于优秀古诗文有着自身的美学价值和艺术魅力。三是由于优秀古诗文在整个小学语文教学中有着重要的地位、意义和作用。

古诗教学研究对学生的灵感培养和想象力的培养有很大帮助。古诗教学研究有利于培养学生感知美、欣赏美和创造美的能力。通过学习优秀古诗文，学生可以了解中华文化的来源。

古诗文字之间的组合有起承转合的特点，与中华文化的圆润与柔和相契合。古诗教学可以训练学生的思维，可以培养学生理解美、鉴赏美、评价美的能力。

中国传统文化一直以来都是尊崇天人合一的思想。通过学习古诗语言学生可以积累丰富的文学知识。小学古诗教学有助于全面提高学生的文化品位和道德修养。

小学古诗教学对中华民族的文化有积极的传承作用，对学生灵感的培养和想象力的培养有很大帮助。

（三）小学古诗教学价值

小学古诗教学要利用好学生在小学阶段这一记忆的黄金时期。英国洛克提出"白板说"，人出生时心灵就像白纸或白板一样，只是通过经验的途径，心灵中才有了观念。

孩子在小的时候就好比是一个海绵，教师教学生什么，他们就全盘吸收什么。因此小学阶段对学生的正能量的教育就显得非常重要。学生成长需要优秀传统经典的滋养。激发学生学习古诗浓厚学习兴趣，把自己的感情放进去，可以和书中的人物形成面对面的情感交流。

古诗教学有利于学生学习优秀中华传统文化，有利于培养学生正确的人生观、世界观、价值观，从而使学生拥有良好的道德品质和正确的价值观念。

(四) 小学古诗教学的相关原则

1. 古诗教学的格律原则

格律诗词遵守"一二声平三四仄，入声归仄真奇特。平长仄短入声促，韵字平仄皆回缓。一、三、五字可随意，二、四、六位须分明"的规则。但是也是有特殊情况的，不一定全部都是按照"平长仄短"的规则，一三五不论，二四六分明。另外还有"依字行腔气息匀，节奏点上停一停"的规则。

2. 古诗素读教学的原则

语法信息不可忽略，中心词重音，动词首字、对比词重音，叠词顿音，排比词尾顿音，转折处、结局处换气、提气。韵文要找出语气"起承转合"的气息点。

3. 古诗吟诵教学的原则

要先定好调，就是一个字一个字把它读完整，发音中声母韵母要饱满到位，读准确，再按照一定的音高多哼几遍。顺着第一句甚至第一个词反复多读几遍。基本熟练之后，再揣摩每个字音的准确性，衔接是否自然，不要太突兀。不要忽高忽低，促进吟诵调的形成。

(五) 古诗教学相关理论

1. 最近发展区

最近发展区理论是由苏联教育家维果茨基提出的儿童教育发展观。他认为学生的发展有两种水平：一种是学生的现有水平，指学生独立活动时所能达到的解决问题的水平；另一种是学生可能的发展水平，也就是通过教学所获得的潜力。两者之间的差异就是最近发展区。

古诗教学应着眼于学生的最近发展区，为学生提供略有难度的古诗学习内容，调动学生学习古诗的积极性，充分发挥其潜能。超越其最近发展区而达到下一发展阶段的水平，开发儿童发展的潜能然后在此基础上进行下一个发展区的发展。[①]

最近发展区理论应用于古诗教学中有利于创设学生自由思维的氛围。长期以来，教学模式注重的是教师的讲，没有关注学生的主体性。其实学生

---

① 吴庆麟. 教育心理学 [M]. 上海：华东师范大学出版社，2003.

的思维是灵活的，教师教一点学生想要学的更多。[①]

古诗教学中应用最近发展区，如在讲授王安石的《泊船瓜洲》中的诗句，还应该把王安石的生平经历和当时的历史背景给学生介绍一下。这样学生在古诗教学中不仅能学会现有的内容，而且对当时的历史背景有了了解。

小学古诗吟诵教学要求学生扩大自己的阅读量，要求学生在现有的阅读量、阅读能力的基础上达到一个更高的层次。从最近发展区的理论来看这是可能的。[②]

2. 自主学习理论

自主学习也叫主体性学习。在教师的指导下学生通过自学，自己练习创造性的活动，实现自身的发展。自主学习强调培养学生的自主学习的兴趣和自信，树立积极主动、独立思考的学习态度，提高自学能力，从而养成自主学习的习惯，创造生动活泼的学习局面。[③]

为加强自主学习在古诗教学中的应用，教师应设置任务驱动鼓励学习小组进行自主探究、分组讨论。授人以鱼，不如授人以渔，在古诗教学中教师要善于引导学生发挥自己的主观能动性。自主学习符合因材施教原则。

古诗教学过程发挥教师主导与学生主体的作用。充分发挥学生参与教学的能动性，建立合作、友爱、平等、民主的学习氛围。

古诗教学过程中应用多种方法引发学生的兴趣和需要，鼓励学生主动积极参加学习。但是教师也不能对学生松散管理，既要对学生严格要求又要爱护关心学生，提升学生的自我调控能力，鼓励学生大胆创新，同时创设自我表现的机会，使学生不断获得成功的体验。

3. 右脑开发理论

日本著名教育学者七田真创立的右脑开发训练体系、右脑学习法和相关理论研究在世界教育界产生很大影响。阐明了人的右脑四大功能分别是照相记忆功能、共振共鸣功能、高速大量记忆功能、高速自动处理功能。研究成果表明视觉与听觉的双重结合提高了记忆效率。[④]

① 杨洋，赵会娜."最近发展区"理论与古代诗歌教学 [J]. 小学教学研究，2014（32）：80+83.
② 刘攀. 小学古诗吟诵教学研究 [D]. 成都：四川师范大学，2015.
③ 吴庆麟. 教育心理学 [M]. 上海：华东师范大学出版社，2003.
④ 徐刘夏. 北京市海淀区农村小学大课间推行古诗韵律操的研究 [D]. 北京：首都体育学院，2015.

第二节　小学古诗教学主要存在的问题

一、小学古诗教学中教师方面存在的问题

首先，教师古诗底蕴有待提高，教学水平有待提升。古诗本身具有难度，只有通过读书积累起深厚的文化底蕴，才能挖掘出古诗的精髓，才能驾驭具有难度的古诗教学。有些教师迫于教学压力、家庭压力，没有给自己留读书充电的时间，在古诗积累有欠缺，也不怎么关注古诗教学方面的最新研究。教师自身对古诗这一领域兴趣缺乏，自然对古诗及古诗教学认识不深、重视程度不足，古诗教学水平有欠缺。

其次，在小学语文课本中，不仅有国内的优秀作品，还有国外的佳作。包含了现代文学、古代文学等多种题材的文章，这对于提高小学生的语文学习兴趣、提高语文学习能力等方面都有积极意义。但是与此同时也给语文教师带来了更多的教学任务。

在如今繁杂的语文教学内容和沉重的教学压力之下，教师为了完成教学任务，提升学生的学业成绩，往往会将更多的课时安排在现代文阅读等教学内容方面，不会过多关注古诗教学。因此，也就间接导致了语文教师在对古诗教学进行教学安排时，不会将更多的课时分给古诗教学，也不会特别花心思去进行教学设计。在课堂中基本会采用讲授法，按照读、讲、背的模式，中规中矩地进行古诗教学。古诗本就离学生生活遥远，理解难度较高，学生必是不能引起高涨的兴趣，也不能产生更多共鸣。

二、小学古诗教学中学生方面存在的问题

古诗是一种古老的文学体裁，古代汉语语言文字的含义及语法相较现代汉语而言有诸多区别。例如，"之"在古文中有"去、到"的意思，但在现代汉语中却几乎不这样使用。学生在生活中多用现代汉语，很少接触古诗，且学生习惯了现代汉语的用法，只了解现代汉语的字义，这就造成学生在学习古诗时，对古诗文字含义的理解存在困难。

古诗中，存在许多意象，并通过意象来营造意境、抒发感情。根据教育心理学理论，小学第二学段学生的逻辑推理是具体的，他们只能对具体事

物、具体情境进行思考，如果在纯粹语言叙述的情况下进行推理，学生就会感到困难。因此，学生的思维特点决定了学生在理解、想象古诗中的意象时存在困难。意象理解不到位，那么对于意境的感受就无从谈起。

古诗作者在作诗时，往往是为了抒发情感，且古诗作者多是人生经历丰富的成年人，所表达抒发的感情较为深刻。小学生的年龄较小，人生阅历并不丰富，有时并不能与作者感同身受，很难达到共鸣，因此影响了学生对古诗情感的理解。

古诗离学生现实生活较远，与学生现实生活经验脱节；再加上古诗本身的复杂性、困难性，使学生学习、理解、掌握起来比较困难，自然也无法让学生真正对古诗学习产生兴趣，甚至会产生抵触心理，进而影响古诗教学的质量。

三、小学古诗教学中教学方式方面存在的问题

（一）"满堂灌"与"满堂秀"

一些教师在古诗教学时，总担心学生理解不了作品的意思，把作品肢解得支离破碎。从字、词、句、作者、背景等上逐一进行分析。一遍又一遍地讲解，在这过程中没有主次之分，没有粗细之分，而是全部灌注进学生的大脑之中，最后，才放心离开讲台。

整堂课下来，可以说教师讲得口干舌燥，但学生却听得昏昏欲睡。这种"满堂灌"的古诗教学模式，一方面，导致学生的思维创造性遭到遏制；另一方面，则使得学生积极学习古诗的态度受到不良影响。这样的结果是课堂教学效果并不好，学生很厌倦古诗。

在教育改革的新形势下，许多教师也认识到，课堂需要创新，但是也出现了一些新的问题。

首先，全面放弃传统，推陈出新，却容易矫枉过正。在一些课堂内容方面，尽管非常充实及广博，然而，对于需要遵循的起码的古诗教学内容上原则持忽略态度，并使得应有的教学目标出现混乱态势。本应是诗意栖居的课但却变成"课堂秀场"。只有作秀，没有实际内容，至于"诗意"的内涵，就必然缺少了本应具有的"语文味"。

其次，随着多媒体技术的普及，古诗教学从过去传统的教师的讲授，发展到现代采用先进教育技术进行课件展示。在优质课和公开课及优质课等展示的课堂，课件展示大行其道。一部分教师对制作课件非常热衷，可谓一个接一个，使学生眼花缭乱。在这种情况下，学生几乎没有诵读的时间，不需要任何思考的视觉冲击，让形象思维没有发挥的空间，给学生造成干扰。在多媒体的冲击下，琅琅的读书声逐渐消散殆尽，而学生的思维在多媒体的影响下无立锥之地，学生对古诗文本的感悟也变得越来越肤浅。

(二)"不读"和"死读"

文字记载承载着文化传承的重任，"口诵心惟，口耳相传"更让文化在传播中大放异彩。因此诵读对于文化的传承具有不可磨灭的作用。

受应试教育的影响，长期以来，语文教学过程中，考试的重点顺理成章地成为教学重点，不是考点的内容很容易被教师忽略。特别是在古诗中，教师引导学生对诗文意境进行赏析的次数几乎寥寥无几。

很多教师试图让学生能在最短的时间内，做到识记古诗内容等。学生只要会背就算完成了教学任务。长此以往，学生学习古诗的兴趣也就逐渐下降，甚至会感到枯燥厌烦。

随着新课程改革的推进，很多教师已经认识到"读"的重要性，在"读"字上狠下功夫，潜心于各种形式的读，可是读的目标并不明确，课堂上学生只是读不思考，教师的启发点拨也不够深入。从表面上看，课堂精彩热闹，而事实上学生却读不出古诗的意蕴，远远不能进行审美或者鉴赏。这就是所谓的"死读"。

(三) 诵读时间不足

在小学阶段，一节语文课的时间为40分钟，而在传统教学中，倾向于进行知识的讲授，为此，在40分钟内，教师基本不会安排单独的诵读时间，这样的教学环境下，使得诵读无法真正发挥出其作用，也无法对教学内容产生相应的影响。即使教师补充了很多优秀古诗，学生在课外也很难做到充分诵读。

(四) 忽视诵读文本

在开展古诗诵读内容方面的教学时，通常情况下，只是依据教师方面的指导来掌握诵读的快慢等。有些时候，教师甚至会把自己主观理解的东西传达给学生。教师讲，学生听，几乎不让学生参与到文本的理解中来。这容易使学生成为装知识的容器。归结起来则是没有做到"授之以渔"，学生无法达到理解古诗意境这个层面。

第三节 生本教育理念应用于小学语文古诗教学的有效策略

一、提升师资综合力量

(一) 转变教育观念

时代的发展，社会的不断进步，要求教师摒弃旧的教学观念。生本教育不仅要研究儿童，而且还要对教学进行研究；必须树立起儿童是一个整体的意识，他们是具有生命的个体，尽管不同的孩子都有着不同的个性，然而他们也存在着共通之处，即他们会基于成长享受到来自精神层面的愉悦。

笔者理解为学生不是接受知识的瓶瓶罐罐，而是一个鲜活的生命个体，所以传统的教师说教式的教学方法虽然在应试上具有一定的优势，但是与生本教育的学生观背道而驰，从长期来看，很不利于学生的成长。

古诗语言精练，内涵十分丰富，很多诗句往往具有只可意会不可言传的特点。事实上，此时，学生便能够清楚地辨别，什么事情能够由自己来处理解决，什么事情能够通过同学间彼此交流加以解决，又有什么事情必须在教师的帮助下才能够解决。随后我们在弄清这些问题后传授学生需要我们传授的部分，学生能自学的东西就不要教。教师也会从繁杂的课堂中解放出来。要在根本上从"师本"彻底转变成"生本"教育观念。

（二）提高文化素养

1. 广泛涉猎经典

文化底蕴、教育智慧和教育追求是教师素养的三个层面。文化底蕴集中展现在精神成就的分享程度上。文化底蕴决定了人类对整个世界的理解有多深入、多宽泛。

文化典籍使得文化遗产得以不断丰富，为其提供了永不枯竭的源泉。浩如烟海的优秀典籍，承载着丰富的文化精髓和文化理念，已然成为民族发展生生不息的必不可少的重要基石。在众多的古代典籍中，有大量的生本教育教材。一个语文教师广泛阅读古代经典，在教学中就可以引用一切生动的材料，不仅可以培养自己的教育智慧还可以感染学生，更能激发学生强烈的兴趣。

生本教育认为教师在业务上迅速成长，在思想上也得到提高、净化，才能充满教育热情。的确，对于古诗的教学，重要的不是教师有多么高超的教授技巧，而是教师对古诗的热爱，是教师自己的文化素养，它是根本性的。

那么，教师怎样才能提高自己的文学修养？

第一，多读古代文学作品，增强语感能力、辨别能力和审美能力。

第二，爱生活、爱自己。如果一个人不对生活有着足够的热情，那么他同样不会对诗歌抱有热情，更无法体会诗歌之美。当前，我们正处于知识经济时期，各类新事物、新理念等层出不穷，学生在全新的环境中不断学习，努力接受新事物。

不仅如此，随着互联网以及现代传媒的普及，学生也能够在同一时间接受海量的新知识和新信息。因而，教师一方面要对学生对于诗词的阅读、编写以及理解进行指导；另一方面要告诉学生必须热爱生活，努力使自己的知识面不断拓展。

写诗的能力并不是每一个语文教师所必须掌握的技巧，然而作为一名语文教师，必须做到懂得诗词，唯有如此才能够对学生加以有效引导，使学生能够对诗词中所蕴含的情感以及意境等予以掌握。

2. 提升综合素质

以往教师所执行的是"师本"或"本本"的教学方式，教师工作长期处于人人过关、点点落实之中。教师的专业能力仅在于教材的讲解，或限于对教材的深入理解。教师的专业学科一旦确定，许多教师就会故步自封，不再学习其他方面的知识，很少有教师将文科知识和理科融会贯通。这种单一的知识结构，远远不能适应新课程的需要。

生本教育下，我们需要全面综合型的教师，这是一个非常值得注意的变化。语文教师有必要重新审视自己，砥砺自己。把自己看作是语言类教师，还应该努力把自己培养成为有综合素质的人。

基于这样的现实，每一位语文教师责任重大，应该终身学习，不断丰富自己，完善自己，不断给养自己。与此同时，教育管理部门也责无旁贷，应在指导培训方面切实做好自己的本职工作。

(三) 善于期待

生本教育提出儿童的学习能力与生俱来。因而教师必须相信每一个孩子都存在着潜在的能力，并对他们本身的学习资源进行充分的挖掘。

教师要始终站在欣赏的角度去看待自己的每一个学生，从他们身上找到一个个的闪光点，真诚地赞扬每一个学生的进步。

当学生在学习古诗过程中没有达到教师预想的目标时，少一点责备，多一点鼓励，不应加重学生各个方面的负担。正所谓"春种一粒粟，秋收万颗子"，在生本教育下进行小学古诗教学教育正是在学生生机勃勃、诗意盎然的春天里播下一粒饱满的种子。

二、完善古诗教学方式

实际上，我们每天都在面对学生，但是传统的观念使我们把学生当作了缺乏知识的容器。生本教育需要改变教师的角色，变知识的传授者为引导学生自主学习的人和协助学生学习的人。这其中激发学生的学习是重要手段。兴趣对智力起决定作用。注意和理解的前提条件就是兴趣。因此，学生有了学习古诗的兴趣，才会体验到其中的快乐。

(一) 小组合作

生本教育提倡先学后教，小组是灵魂，是生本教学中重要的组成。生本教育认为没有学习小组就没有生本。要做好生本教育，领会生本教育的精神，就必须搞好小组建设。

在小组学习的过程中，学生能够集中在一起对问题进行探讨和解决，小组学习将学生学习的积极性、主动性、创造性、完整性以及活动性这五项特征充分地体现出来，进而让学生在思维碰撞的同时建立起友好、合作、相互帮助的关系，并在问题得以解决后得到成功的体验。

实践表明，如果教师在教授古诗之前，让孩子先自学，遇到不能理解的字、词，查阅工具书，再用小组合作的方式，让孩子展开激烈的讨论，化教师的教为学生的主动学习。教学效果会好于传统的教师说教方式。一个问题经过小组讨论后，然后放在课堂讨论中，学生有了知识准备，这将大大提高课堂讨论的质量，学生的发言热情也会大大提高，甚至还会出现在课堂上雄辩的现象。其实许多问题在学生自主讨论的过程中就迎刃而解了，教师根本不需要再次进行讲解。教师在这个过程当中，只是担任协助者了。

(二) 口诵心惟

古人读诗都讲求口诵心惟。根据生本教育的理念，与传授知识点和技能方面相比，发展人的情感及悟感更为重要。因此教师教学古诗时一定要强调学生诵读。以读促悟，逐步提高欣赏层次。

没有诵读这把钥匙，就无法真正走进诗歌的内核，无法领会诗歌的内涵。诵读方法多种多样，各有千秋。在表达情感时，可以借助气息的轻重缓急、声音的快慢来完成。

1. 践行生本教育理念，制订合理的诵读计划

一般情况下，学校、家庭及学生个人等均较少制订诵读计划。很多时候有空就多读一点，没时间就遗忘了。这种练习缺乏任何意义，久而久之，只会让学生不够重视古诗。

任何事物的学习都是一个持之以恒的过程。在践行生本教育理念的前提下，诵读好古诗需要教师在高度尊重学生的原则下，一起制订相应的诵读计划，并合理安排好诵读时间。例如，课前预备铃之后的几分钟可以用来复习背诵古诗。晨读时进行古诗诵读，或者专门开设诵读课程，开发校本课程。班会课也是一个诵读的好机会。把某些零散的、机动的时间合理组织安

排起来，保证诵读的时间。

2. 开展多元化古诗诵读活动，丰富学生的自我体验

生本教育认为，"人是天生的学习者"。"人具有学习的天然本能。在本能基础上说教，只是一种锦上添花罢了。"① 因此，对学生的灵魂来说，需要的不是塑造，而是丰富、发展。使他们具有理想、信念，养成热爱自己、大自然和生活的习惯。所以在生本教育下的小学语文古诗教学一定要促使课堂与课外活动之间的有机结合，使得学生能在大量的诵读活动中，充分展示自己的激情和创造力，让学生有更多的机会参与活动，为学生创造出更多的自主发展的良机，力求获得自己的体验。

例如，可以开展以下生本诵读活动。

第一，鼓励学生在充分理解古诗内涵的基础上，根据自己的理解，用现在流行的曲调或是自己喜欢的歌曲把古诗像自己唱歌一样吟唱出来。或者像古人一样，配乐吟诵古诗。

第二，成立诗歌朗诵队、班级诗歌朗诵"兴趣小组"，在校园营造浓厚的诗歌朗诵氛围，调动学生诗歌朗诵和创作的积极性和主动性。

第三，将学生的优秀作品在校园内进行广播，或者发表在杂志上，这是激活学生创作热情的有效途径。

第四，举办学校诗歌朗诵比赛等活动，为学生创建展示个性的舞台。

第五，有条件的学校还可以把学生"送出去"参加国内、国际诗歌朗诵比赛，加强国内外吟诵艺术交流。这些方法，都是从学生内在需要出发，既增加了学生的学习兴趣，相信比起老师反复不断的唠叨会更有效果。

举办这些活动，既可以挖掘学生的诵读潜力，激发学习古诗的热情，又可以缓解学生的学习压力，涤荡他们的诗歌情怀。

教学实践显示，经典诗文诵读活动在校园的大力推行和有效开展，对于提高学生诵读能力的效果非常好。

所以开展多元的古诗诵读活动，让学生在丰富的活动中自我体验和感受，是与生本教育的学生观完全契合的。

3. 利用多媒体提升学生学习古诗的审美体验

在生本教育下，小学语文古诗教学过程中，作为"牧者"的教师，我们

---

① 郭思乐. 教育走向生本 [M]. 北京：人民教育出版社，2001.

如何更有效地"把羊群带到水草肥美的地方"呢？

　　科技的进步，为教师解决这一问题提供了更好的帮助，多年的生本实践足以证明，适当运用现代教育技术能够有效提升生本教育的效率。究其根本原因是，机器的出现为人类学习创设了极佳的条件，同时也为个体开展学习提供了更为宽广的空间。

　　多媒体展示的方法就是依托现代教育技术，把经典古诗的内容以画面、声音、文字等形式展现出来，这样不仅可以提升学生的兴趣，还可以带给学生愉悦的审美体验，使学生更快进入教学情境。

　　由于古诗年代久远，字词高度凝练，这就决定了古诗教学的难度很大。传统教学中尽管教师讲得津津有味、眉飞色舞，但它依然是枯燥的文本，小学生很难有兴趣认真地学习。这个时候教师就要适当借助多媒体技术进行一些直观的展示，把安静的文字变成动态的画面，改变传统的教学模式，提高学生对枯燥古诗的学习兴趣。古诗所要表达的思想内涵也会自然而然地流露出来。学生在这一过程中，对于古诗的理解就会水到渠成。

　　在生本教育下进行古诗教学，要让孩子提高自主学习的能力，减少教师的教学难度，让老师教得轻松，学生学得快乐，提高古诗教学的效率。多媒体展示法有着至关重要的作用。但是值得注意的是，不能过多使用多媒体进行教学。因为在教学中呈现过多的图像画面和声音，会显得过于纷繁杂乱，不利于学生的独立思考。

　　4.通过联想和想象引导学生进入古诗意境

　　意境对古诗来说极其重要。所谓意境，主要指的是作者利用形象描写的方式所表达的艺术境界，其为作者思想情感同生活场景的有机融合。古诗意境有两种常见的表达方式：其一为联想，其二为想象。

　　对于生本教育来说，其需要做的就是引导学生透过意境走进文本，与作者产生共鸣，激发学生学习古诗的兴趣。

　　小学语文古诗中的某些关键词的理解，如果仅仅是采用传统的以教师讲解为主，学生光听的教学方法，小学生很难理解。结合生本教育的理念，除了利用多媒体技术展示以外，教师还可以想办法运用联想法引导学生自主去体悟，去感受。

　　《语文课程标准》指出，对儿歌、童谣和经典、易学、朗朗上口的古诗加以诵读，借助想象来感知粗浅的情感，以此感受到语言之美[①]。想象是基于感知创造新形象的过程。爱因斯坦也说过，想象力比知识更重要，因为知识是有限的，想象力概括了世界上的一切事物，是知识进化的源泉。

古人在进行文学创作时都讲求"炼字"，许多文字都有高度的概括性。这其中就为诵读者留出了大片的想象的空间。教师可引导学生在古诗学习中抓住与意境相关的细节，先将文字符号转化为形象的画面，在学生自身生活经验的指导下，创造性地丰富和提炼意象，让学生了解中国古诗的美和内涵。同时，帮助减少古诗学习的困难。

总之，在生本教育下进行在小学语文古诗教学中引入联想和想象的方法，可以使学生身临其境地感受古诗，还可以提高学生理解古诗、鉴赏古诗的能力，同时可以培养小学生的创造性思维、创新精神和创新能力。

5. 运用图画演绎古诗，提高古诗教学质量

古诗的一个重要特点就是"诗情画意"。古诗是用有声有色的语言描绘出来的生活画卷。古典诗文的语言高度凝练，往往有一字敌万个字的效果。其内容上强调留白，创造出了一个优美的意境，给人以无限的遐想。因而，每首诗都有其独到的含义，在阅读每一首诗的过程中，便会有独特的景致浮现在脑海中。但是，从阅读到意境的理解，其本身是一个从文本转化为图像，再对图像进行思维处理的过程。该过程能够让故事具有具体化以及可视化的特征。

不同的学生，图片会有不同的表达方式和由不同的布局组成。但是值得注意的是，在进行图画演绎的过程中，教师要尊重孩子的个性化和差异性。因为儿童是天生的学习者，教师只需要引导学生在绘画过程中感悟画面的内涵，然后学生根据自己的生活经验来丰富和提炼形象，使之富有创造性，从而形成对古诗的正确理解。不用老师过多说教，让学生自然而然地了解古诗的语言美和内涵美。教师还可以把学生描绘的优秀图片整理收集成册，供学生日常观赏浏览。

教师也可以采用图片教学法。也就是说，教师不能在现实生活中使用实物教具时，就可以用图片来表达一些抽象的知识到特定的视觉对象，使学生一目了然。语文教材上的插图就是这一典范。

---

① 郭文雨. 论小学低年级古典诗词教学的方法 [D]. 辽宁：辽宁师范大学，2013.

在小学语文教材中，几乎每一首古诗都附有插图。这些插图具有简洁而又流畅的特点，是古诗内容最直观的体现。教师可以灵活有效地利用这些插图，让学生自己结合古诗中的关键词，仔细观察图片，获取自己所要表达的信息。整个过程中，教师要给学生留足时间进行自学。正所谓生本教育观点，学生能自己明白的，教师就不要讲。这种充分利用插图进行教学的方法，将在很大程度上帮助学生自主理解学习，提高古诗教学的质量。

6. 运用音乐陶冶学生古诗情怀

音乐具有怡情的作用，在开发智力、提高记忆力等方面的作用相当明显。经常性地用音乐洗涤心灵，净化心灵，能够促使脑电波有所改变，活化大脑。传统师本、本本理念下学习古诗的方法很多都是"死记硬背"，这样虽然学生能够在考试时取得高分，但是对于陶冶情操作用不大。我们在诵读古诗时，配上一些背景音乐，怡情的同时，还能让学生不感到枯燥乏味。

针对古诗吟诵，"古代诗人在写诗的过程中，往往先有吟后落笔。要对古诗进行学习，首当其冲应当学会吟诵，这是古时候学生学诗的第一课"①。由于古诗中的语言采用平仄以及押韵等技巧，因此古诗在音律方面有着特殊的美感，唯有配以富含情感的吟诵以及抑扬顿挫的语调，才能更为深层次地理解古诗的含义。

首先，在对每首诗进行教学的过程中，都想方设法让学生吟诵，同时配以音乐，使学生在吟诵的过程中感受到古诗中所蕴含的音律之美。

其次，当今还有许多古诗被现代音乐家填进了歌词，传唱度非常高。这也不失为一种学习古诗的好方法。

最后，为让学生能够更好地开展自主学习，教师可将一些影视剧和音乐作为道具，并借助多媒体教学的方式使这些声音在课堂中展现出来，如此可以得到意想不到的效果。

7. 运用故事激发学生学习古诗的兴趣

故事对学生来说有着非凡的影响力。小学生特别喜爱老师给他们讲故事，精彩的故事可以吸引学生的兴趣和激发他们的求知欲望。其实古代的诗中蕴含着很多的故事，例如，创作时诗人心情、为什么要创作这作品、这

---

① 叶嘉莹，祝晓风."书生报国成何计，难忘诗骚李杜魂"——叶嘉莹教授访谈录 [J]. 文艺研究，2003(06).

作品讲的是什么等方面的故事。在小学进行古诗教学时，要摒弃传统的"师本""本本"教育思想。教师与其一味说教，一丝不漏地分析、讲解课文，还不如从孩子喜欢的东西入手，充分发掘古诗中的故事，潜移默化中把学生的学习兴趣完全吸引到课堂上来。这样一来不仅能够让原本枯燥乏味的课堂教学充满生趣和活力，同时也能使我国传统文化的精髓发扬光大。

讲故事的方式也多种多样，除了由教师作为主讲人之外，也可让学生扮演讲述人的角色，由学生自己对古诗中蕴含的故事进行查找，并在讲台上与其他同学分享。

儿童的潜力是无限的，我们还可以引导学生根据古诗自己去创编一些故事。如此可使学生更有兴趣加入学习古诗的行列。除此之外，运用以信息技术为代表的一系列辅助设备，可以在课堂中为学生展示同古诗有关的电影、动画等，这同样也是课堂中讲故事的方式之一。

8. 通过比较贯通增强学生对古诗的理解

比较不仅是人们对事物加以认识的一种方式，同时在教学过程中也起到至关重要的作用。根据俄国教育家乌申斯基的观点，比较不仅是所有理解以及思维的基础，同时，每个人都是利用比较的方式对世界进行了解。[①]

举例来说，对同一名作者的不同意象、情境比较，确定比较的中心点。事实上在小学阶段所学经典古诗不多，而且基本就集中在那么几个名家身上。因此，为了引导学生更好地去理解作品，教师可以比较和分析同一作者的古诗词，以增强学生对作品的理解力。

如此多样的古诗教学方法若能被教师吸收、借鉴和利用，会使课堂充满生机与灵性，为学生学习古诗创造良好的氛围，学生学习古诗的效率必会稳步提升。

9. 利用角色扮演提升古诗教学效果

真正的生本教育是撼动灵魂深处的一种教育，因而，这一类型的教育并非为简单的你问我答，单纯地将答案提供给学生，而是应当利用体验教学的模式进行。体验教学，顾名思义，指的是利用以情景模拟为代表的方式方法，使学生直接加入到表演的行列，并感受到真实情景中的情感特征，实现分享与激情。

① 陆娟萍. 比较阅读、强化阅读教学的"语用"价值 [J]. 语文知识，2016(16)：59-62.

角色扮演是一种运用戏剧的方法，结合教学内容，让学生在古典诗文场景中展示角色，使学生能够融入角色表演的情境。在角色扮演的过程中，学生成为文本的主人，成为学习的主人，真正体现了以学生为本。在角色的扮演过程中不仅可以让学生在简单的表演中把握诗人的思想感情、感受作品的意境和深层的东西，也能活跃课堂气氛，使学生知道学习古诗也是一种轻松有趣的事情，激发学生的积极性。

事实上，很多古诗内容具有较具体的情节。我们可以让学生发挥自己的组织领导能力，让他们自由组合成若干个小组，在小组长的引领下，自编自演课本剧，扮演角色。

实践证明，小学生对表演充满了巨大的兴趣。在此过程中，必须让学生获得深层次的体验，教师应当扮演好导演这一角色，进而帮助学生这些"演员"演好课本剧。师生一起探索古诗中生命的意义和价值。

三、营造良好的学习氛围

学校是学生最主要的学习场所。因此，校园内的传统文化气息，对学生学习传统文化有着极大的影响。进行校园环境建设，这既是尊重生命的体现，同时也可以对"育人"事业起到相应的推进作用。为此，我们应从物质和精神基础这个层面出发，在这个基础上打造符合时代要求的人文校园。

例如，最基本的就是教学楼的墙壁上悬挂一些经典的名句和书法作品。校园广播站或电视台也可以很好地利用起来，可以利用一些课余时间向全校师生推荐一些经典古诗，或者加入对这些古诗的赏析片段。

学生的校园生活大部分时间都是在教室中度过的。所以教室中的班级文化建设也可以紧扣经典古诗进行。让学生在上课的同时就能感受到这种气息。有条件的学校还可以在校园内建起文化墙。文化墙上收入校史，当地的名人轶事或佳作。还可以配备一块大型电子屏，宣传的内容中合理恰当地融入古诗作品。比如，下载一些类似"中国诗词大会"的视频进行播放。同时，借助高质量的经典诵读视频，也是不错的选择，可以帮助学生学习更多的相关知识。

此外，重视在精神层面上培养学生传统文化也非常重要。例如，一个学校的办学理念对于全校师生来说有着精神支柱般的作用。可以把办学理念、校训与传统文化中的精髓融合，为全校师生营造起学习传统文化的良好氛围。

四、丰富课外古诗教材

在生本教学中，更多的是依靠学生自己借助于原来教材的启示去观察，收集资料，研究书籍，思考谈论交流。也就是说教材的作用演变为引起和容纳学生活动的框架。除了书本上的确定教材之外，学生还会通过自己的活动形成适合他们的教材。这样的生本教材具有动态性和生成性。它只是引子、话题，留有空间。生本教育中，一个问题、一个课题、一个游戏或者一个有趣的活动，也可以组合起来，这些都是所谓的教材。

小学语文古诗学习可以用"儿童立场，中华情结，世界眼光"来概括。经典古诗学习虽然对文化的传承尤为重要，但是不能偏离儿童为主体的原则。

生本教育小学语文古诗教学，教材是古诗学习的一大重地。但是我们在编写补充古诗诵读教材时，应该结合生本教育的特点来充分考虑儿童的认知能力与学习兴趣。

尊重学生，才符合生本教育的本质。儿童到底有多大的接受能力？这个问题是没有统一答案的，因为每个学生的认知能力与学习基础是不一致的。为此，教师在进行教学时要多关注学生，并及时掌握学生所反馈的这些信息。一方面，诵读内容不能超过儿童的接受能力，如儿童经典诵读的反对者蓝洱海认为"'经典训练'只能是在初高中以上教育中适当进行"，其理由是担心儿童认知能力不够。另一方面，不能低估学生的认知能力。

所以补充的古诗诵读内容，要符合学生的知识和认知水平，不能一味拔高。电子、实物教材均可纳入补充的范畴。补充诵读的内容还可以是教师自选的内容或是市面上现成的优良的诵读教材。

五、在古诗教学中推行素质教育

在践行生本教育理念的过程中，教师可将教材内外的古诗材料巧妙地融合在一起进行教学，用最少的时间处理好教学目标，其余的时间留给学生诵读和畅谈古诗。能力较强的孩子还可以改写古诗。这样的教学实践能够使学生脑海里积累大量的古诗，学生学习古诗的热情得到提升。此外，古诗教学要转变传统的教育思想观念，不能只关注分数。结合生本教育，把提升学生的综合能力和文化内涵作为长远的目标。

针对学生古诗部分所进行的考查，要体现《语文课程标准》所提出的要求，也就是要体会感情、提高相应的审美情趣，同时还要树立正确的人生观、价值观等。另一方面，升学的考试体系中，体现以学生的长远发展为目的。例如，着重考查品德、口语交际、思维能力等，不能再以课本上的现成、死板知识为主。

事实上，生本教育不反对考试，但是一方面大力推进素质教育，另一方面又要对学校、教师进行严格的成绩考核，学校在这种两难的境遇下很难实现自己长远发展目标。对学校的评价机制进行改革不仅重要且已经迫在眉睫。应把学校在提升学生素质方面及能力方面，此外还有在教育资源均衡化方面所做出的贡献作为核心考核标准。另一方面，要对教师的晋升以及评价机制进行彻底改变，应把教师的学科素养、对教学资源运用、教学过程和课外指导，纳入教师的核心考核体系。

六、完善古诗教学的评价体系

关于评价，生本教育认为教育需要评价，而评价在功能上至少有两种，其中的一种是能了解学生的学习情况，还有一种功能则体现在鼓励和督促学生学习这方面。在传统的"师本"教育模式下，对评价更是特别崇尚。而在生本教育看来，一旦评价与一定的功利目的联系在一起，则评价的督促功能会非常重要，并成为第一功能。

生本教育的评价带有很强的学术性而不是功利性。在该评价体系中，评价结果留出的调整空间非常大，使得儿童能进行自我调节。该评价将会成为学生的需要。在生本理念下进行小学语文古诗教学，需要建立一套科学的评价体系。收集生本教育与古诗教学相结合的相关信息，对教学活动的过程和结果进行价值判断，为教师和学生提供诊断、反馈、鼓励，根据调查报告所发现的问题，我们可以从以下四个方面进行评价尝试。

(一) 诵读材料的评价

在阅读教学评价中，新课程对诵读提出了明确的建议。诵读评价着眼于提高学生的诵读兴趣，增加他们的积累，培养他们的语言意识，加深他们的经验和理解；随着学段的提升，内容、范围、数量和阅读材料的类型将逐渐加大难度。

在新课程标准中，我们可以看出诵读材料的数量是诵读评价的重要参考因素。然而小学语文教材上的古诗的数量远远达不到应有的目标，这就要求我们在课后进行补充诵读。补充的内容也一定要符合学段孩子的诵读水平。当然，补充诵读的前提是一定要尊重学生的主体地位，任务不做强行规定，对那些平时诵读篇目数量多的同学给予适当的表扬，对于诵读少的孩子，多鼓励，多引导。

不管诵读数量怎样，教师都应该饱含感情地在学生期待的目光中给予学生中肯的评价，让学生发现自己的优点，在信心的逐步提升中强化诵读效果，提升诵读能力。

除了口头语言赞赏外，肢体语言的表扬对学生的鼓励也很重要。代表赞扬的眼神、手势、表情等，都可以让学生感受到老师对他的肯定和赞赏。虽然这只是一次小小的改变，但对于激发学生学习古诗的热情，拉近师生之间的距离，都会起到很好的作用。

为了更好地激励学生学习古诗，结合小学生的年龄特点，教师还可借助一些实质性的物质奖励。例如，一个贴纸、一枚印章、一个橡皮等小奖品。这样做的好处是使学生有成就感，也使后进生树立信心。

(二) 诵读效果的评价

生本教育认为，学生的发展是动态的、长期的。能力的提升不可能一蹴而就。所以结合生本教育对学生的古诗学习情况进行跟踪考察，从而便于对学生做横向或者纵向对比。

我们可以为学生建立诵读档案。学生档案袋中可以记录学生的古诗诵读的数量、诵读进度、诵读质量，还可根据每一个年段不同的要求，对学生进行定期或不定期的检查，这样可以及时了解到每一位学生掌握古诗的程度，使每位学生在古诗诵读上有一个逐渐上升的提升。

这样不仅能够让学生感受到成功所带来的喜悦，同时也能够在潜移默化间培养学生良好的素质和情操。另外，还可在适当时期，展示给学生看，让学生知道自己的优点或者缺点。教师的可操作性也很强。

(三) 学生自主评价

关于学生自主评价方面，生本教育认为评价要附着于学生主动发展的活动之中，进行自我评价权需掌握在学生手中。所以为了充分发挥评价的作用，我们应该改变目前以教师评价为主的这种现状，对于学生进行的自我评价给予相应重视。

首先，学生自主性评价的目标制定得合理。不能一味地拔高，否则将打击学生的学习积极性。从学生的层面上来说，其借助老师的指导，进行目标设定，自我检查、反思、评价，进而找到差距和不足，在改进中提高自己。这也是生本教育所提到的，学生是学习的主人，具有较强的主观能动性。

其次，学生自主评价的方式应该灵活多样。可以小组相互评价、全班同学相互评价，还可以让学生之间互相评价，促进学生们的积极参与性，提高学习效率。例如，可安排把一个小组作为一个评价单位，组长记录诵读的结果，组员内部还可以相互帮助，取长补短，在诵读时比赛亦可，纠错亦可。这整个过程能促使学生不断地有新收获。还可以引入比赛，以赛促背。学生根据自己的水平自己找对手，自己选择比赛形式，可以古诗接龙，古诗竞猜，或者进行飞花令比赛等，随时随地都可以进行比赛。尤其是低中年级的孩子，好胜心强，效果更加明显。有了这样的竞争意识，学生自主学习的能力会得到较大的提升。

(四) 家长配合评价

在以往的"师本"教育中，我们主要强调的是评价督促这个功能，归结起来就是把学生的成绩对外及学生本人进行公布，并以该公布作为前提，如果不进行公布，则不会形成压力而并发挥督促方面的作用。这样做看似能起到督促作用，但事实上给孩子造成了很大的心理负担，学生忍受着来自外界的监控，家长也只关注结果，不在乎学习过程，所以来自家长的指责常常听到。孩子其实一直处于一种被动的学习过程中。

在生本教育对小学语文古诗学习进行评价时，应主动让家长也参与进来。具体目的、过程和结果都应该让家长知晓。如果家长能够陪伴孩子学习古诗，并且给予适时评价，那就最好。让孩子觉得学习古诗不仅是学生、学校的事，还是每个家庭的事情。

亲子诵读就是一种非常好的评价方式。有的家长非常机智，能够很好地把握孩子的心理，在亲子诵读中故意"输"给孩子，有的家长忙起来没有办法陪孩子完成诵读……其实，家长的行动也好，语言也罢，无论哪种形式都会变相支持孩子坚持进行古诗诵读。在父母眼里，孩子每一点的进步，对自己都是最直接、最深刻的安慰。

在进行亲子共读过程中，最重要的是指导家长从这些方面进行评价，其中包括孩子的诵读态度情况、所确保的诵读时间、习惯等诸多方面，同时及时将评价反映到经典诵读评价手册上。在这个过程中，除了能有效增进亲子关系之外，还可借助经典去感染家长，让家长接受经典教育，并在无形中促使家长素质获得提升，同时还使得家庭教育环境也得到相应改善。

第五章

生本教育理念在小学语文阅读教学中的应用

第一节　生本教育理念融于小学语文阅读教学的合理性

一、小学语文阅读学习的心理过程

阅读教学是小学语文教学的中心环节。阅读教学在小学阶段的任务，主要是培养学生的独立阅读能力。

为达到这一目的，小学阅读教学还要培养学生的阅读兴趣，使学生掌握阅读方法，养成阅读习惯。同时，阅读教学也担负着提高学生的思想、情感、道德水平，发展学生的智力的任务。阅读教学除了要达到阅读的目标外，还要兼顾写字、口语交际、习作教学目标的达成，因此，阅读教学的成效关乎整个语文教学的成败。

感知阶段。认读是一个对书面信息的感知过程，是阅读行为发生的起点。阅读教学只有从局部到整体，帮助学生越过语言这道"门槛"，把握读物形式的有组织的意义，才能通过感知阶段中语言形式这个"纽带"，在理解、鉴赏与评价等阶段中建立起现实关系，实现书面语言向内部言语的转化。

理解阶段。它在感知的基础上，上升到对整篇文章脉络、中心的把握，从语表层深入到意蕴层。理解是阅读活动的重要组成部分，理解的深度与广度决定了阅读质量的高低。

鉴赏评价阶段。如果理解阶段是为准确理解阅读内容，人的主观认识逐渐适应客观现实的思维过程，那么鉴赏评价阶段则是以学生头脑中已形成的思想价值观来鉴别、赏析、判断阅读材料。

鉴赏是阅读的最高阶段，不仅完成了对阅读材料的感知、理解，原来认知结构的基础上生成新的意义，更重要的是，通过鉴赏评价，活跃思维，发展能力，实现信息的使用最大化和阅读的充分和有效的个性化。

二、生本教育理念融入小学语文阅读教学的合理性分析

(一) 生本教育理念有利于以学生为本教学观念的转变

生本教育理念下的小学语文阅读教学强调以学生为本。在小学语文教学中，学生的知识储备各不相同，学习能力也各有差异，在语文阅读教学设计中应充分考虑学生的差异性，设计符合学生实际的教学内容。

生本教育理念下的小学语文阅读教学应充分了解班级内学生的阅读习惯、阅读经验水平，依据生本教育的教学思路进行教学设计，根据学情分析对课文进行研读与思考，培养学生思维创造的能力及其个性发展。

生本教育理念下教学设计的呈现能够让学生在足够自由的学习空间里充分地调动原有的知识储备，选择适合自己的方式学习，在学习过程中思维不受限制，能够在课堂上大胆发表自己的观点和看法。因此，设计以学生为本的阅读教学能够将生本教育理念很好地寓于小学语文课堂之中，解放学生头脑，还给学生自由学习的空间，为学生的未来创造更广阔的发展空间。

(二) 生本教育理念有利于拉近语文阅读教学与生活的距离

生本教育理念的小学语文阅读教学设计通过运用生活素材创设生活化的阅读情境，拉近学生与阅读文本的距离，使阅读文本与生活相联系。

小学语文阅读课文有的风格生动有趣，既符合小学生的认知规律，又与学生的实际生活联系紧密，也有的与学生的生活脱轨，学生理解存在困难，这就要求在教学内容的组织上联系生活中学生熟悉的事物帮助学生理解文本，让课堂重新充满生活情趣。

源于生活的阅读教学内容设计能够引起学生的情感共鸣，学生在学习课文时是故事的真正参与者而不是旁观者。

源于生活的阅读教学可以帮助学生在学习课文之前创设贴近生活的阅读情境，把教学内容与实际生活相联系，让学生将生活感悟带入到文本中加深对课文的理解和作者情感的感知。

学生在生活课堂中积极主动地参与学习，并在生活情境中有意无意地理解和体验，是实现文本走向生活的动态过程。同时，进行阅读教学是为了学

生更好地生活，课文内容经过生活化的梳理能够方便学生理解文本，调动学生丰富的情感。阅读教学与生活是紧密相扣的环节，在阅读教学中让学生交流生活经验、分享生活事迹，启迪学生智慧，是阅读教学设计的重要方面。

(三) 生本教育理念有利于学生对阅读文本的拓展感悟

生本教育理念下的小学语文阅读教学设计有利于学生对阅读文本的拓展感悟。"先学后教"是生本教育的众多教学观之一，阅读教学中的先学是指学生在平时学习中自主进行大量阅读，有利于教师在生本教育课堂上开展"以读引读、以读引说"。

在小学语文阅读教学设计中要对课文进行拓展，设计不同的拓展点，找到学生感兴趣的点引发新的教学互动，生成新的知识点，让学生在整体感悟课文中实现"一篇带多篇，一本带多本"。

阅读教学中主题拓展是常见形式，教师依据教材主题开展主题性拓展阅读。具体来说可以有以下几个方面的拓展形式，一是从单元导读入手进行主题拓展阅读，二是从相关人物入手进行主题拓展阅读，三是从作者入手进行主题拓展阅读。除此之外还有利用研究型拓展来进行深度阅读，通过课程整合和单元外拓整合让学生进行系统学习，使语文阅读学习不再局限于简单的对课文的学习，而是用资源整合的方式加深学生的阅读拓展感悟。①

第二节　基于生本教育理念的小学语文阅读教学设计

一、生本教育理念下小学语文阅读教学设计的前端分析

(一) 学习需求的分析

教学设计应该符合学生的学习需求以及对学生的长远帮助，而不应仅仅局限于阅读文本本身甚至是学科本身。教师应该根据学生通过课堂教学能够获得的不同需求来进行阅读教学设计。

---

① 陈天兰. 简单带来极致: 生本理念下的语文教学实践和思考 [M]. 广州: 华南理工大学出版社，2016.

教师应从课程性质和课程标准出发，准确把握阅读教学的目的和任务，设计出以学生为本的阅读教学设计方案，帮助学生在其年龄阶段获得最佳知识和能力。学习需求的分析有多种方面，包括语文课程标准、阅读教材、学生的年龄阶段特征和已有知识经验等，通过对这些方面的分析整合找出学生的学习需求。

(二)学习者情况分析

学生是阅读教学的主体，是教学过程的关键组成部分。学习者的身心发展水平也随着知识的不断增长而发生变化。教师在设计小学语文阅读教学设计时要充分了解学生的已知阅读教学经验、生活经验、阅读能力、思维能力、学习特点、学习偏好等，为教学目标、教学内容、教学过程、教学评价的设计奠定基础。因此，教学设计者必须将学生作为研究个体对其各方面特征进行系统分析考量。学生在教学中居于主体地位，对学习者的情况进行分析非常有必要，能够为教学设计提供一个有力参考。

(三)教学内容的分析

教学内容的分析指的是对义务教育语文课程标准、教材、教学参考用书等进行分析，其中，对教材的分析是重中之重。

教师要在全面理解课程标准的基础上感知教材，结合生本教育理念与教学内容，设计符合学生认知规律的教学设计。要实现生本教育理念与小学语文教学设计的紧密结合，就要求设计者在充分了解学习者需求和学生具体情况后，将生本教育理念寓于阅读教学内容之中。

教师要整体把握教学内容，明确课标要求和内容的具体特点，联系生活实际进行阅读教学设计。教师在设计教学内容时要设计内容的呈现方法，使内容的呈现恰到好处，也要了解教材的编排策略和意图，更好地达到阅读教学效果。对教学内容的分析还包括对教学重难点的把握以及具体教学目标的确定和教学步骤的实施。

二、生本教育理念下小学语文阅读教学设计的主要过程

教学设计是教师对课堂教学的具体设计，包含多个方面的因素，涵盖

的内容也涉及多种方面，教学过程中组织形式也千差万别，但其主要包括教学目标、教学内容、教学过程和教学评价等过程。

(一) 教学目标的设计

教学目标的设计是教师能否把握整堂课的教学的关键，教学目标是否合理直接关系到课堂教学的成败。小学语文阅读教学目标是对学生需要掌握的内容进行合理的具有突破性的设计，是对学生在进行语文阅读教学之后对知识的掌握到何种程度的一种期望。

教学目标的确定是为了引导教学活动高效有序地开展，生本教育理念下的教学目标的设计是以教材为基础，以学生为主体，以教师为引导的，旨在帮助学生掌握知识与能力、情感态度及价值观的，在具体教学活动中所要达到的学生预期学习目标。

(二) 教学内容的设计

教学内容是教师选择的为保证教学目标实现的相关知识。教学内容的设计需要依据实际情况做出选择，教师在研究语文课程标准和教学参考用书之后，结合自身教学经验和学生的学习生活经验以及教学设备条件等选择教学内容，对教学内容做出详略得当的安排。

基于生本教育理念的小学语文阅读教学设计要在把握阅读文本的内容下与生本教育相结合，设计的内容要紧紧围绕以学生为主体的教学理念，选取有利于发挥学生主动性的教学素材。设计时要合理安排教学内容的实施顺序，符合学生的身心发展规律，并具有一定启发性和灵活性，为教学重难点的教学创造有利时机。

(三) 教学过程的设计

生本教育理念是贯穿于整个语文阅读教学设计当中的，教师进行教学过程的设计时要充分了解学生，把握教学内容，对重难点部分进行有针对性的讲解，要充分体现以学生为本的理念，保证教学过程既遵循语文学科本身的特点，又符合学生的个体身心发展规律。

阅读教学过程即阅读教学组织的过程，小学语文阅读教学是学生在教师的引导下进行语文阅读实践，在阅读教学中培养良好阅读修养的语文实践活动。

生本教育理念的小学语文阅读教学过程是在明确阅读教学任务和分析学情之后，教师基于生本教育理论与研究所进行的一系列教学操作步骤。教师可从以下步骤来展开教学：初读有声，创设情境；点读生疑，初步研究；精读悟神，情感升华；读写结合，巩固提高，并把生本教育理念渗透到具体教学过程之中。

（四）教学评价的设计

教学评价是教学设计中不可或缺的重要环节，无论是对学生学习结果反馈的评价还是对教师教学过程反思的评价都是非常有必要的。阅读教师评价是指教师为了判断学生阅读课堂的学习情况、分析阅读课堂教学效果、促进学生的有效学习和调整教学，使用某种评价工具收集、分析和运用相关学习信息的活动。[①]生本教育理念的阅读教学评价既注重学生个性的发扬，也关注学生拓展阅读能力的提高及学生语文素养的养成。

第三节 生本教育理念应用于小学语文阅读教学的有效策略

教育是基于生命，为了生命，发展生命的事业。"基于生命"就是要树立儿童观，要让教育回归儿童、回归人性、回归生活、回归自然。"为了生命"就是为奠基生命发展的"习惯、兴趣、学历、责任"四根支柱展开教育活动。"发展生命"就是要敬畏生命，尊重生命，培育生命，提升生命。生本教育是为生命而教育，是教育的本质回归，是一种可持续发展的教育思想。

一、在教学理念上将生本教育与阅读教学紧密结合

传统的语文课堂阅读过分强调"填鸭式"教育，使课堂教学变得机械、沉闷、死板、乏味、模式化，缺乏朝气与活力，缺乏智慧，缺乏好奇心，使师生的互动过程在课堂上得不到充分发挥。

① 刘辉 . 促进学习的课堂评价结果处理研究 [D]. 上海：华东师范大学，2009.

新课程改革要求打破传统的课堂教学模式，努力为学生提供一个开放性的课堂，让课堂真正"活"起来；充分发挥教师的主导作用，最大限度地调动和发挥学生的主体能动性，使学生的个性得到解放。因为学生是语文阅读教学的对象，其作为独立的个体有自我观念，自尊心，以及自身的需要、兴趣等主观意识，他们并不是接受知识的"容器"，这就说明语文阅读教学过程是教师和学生之间平等交往和沟通的过程。[①] 把课堂时间还给学生，生本的理念"以学生为本，先学后教，以学定教"。

生本不是去灌满一桶水，而是去点燃学生心中的一把火。这种形式有利于调动学生的积极性和主体地位，教师不再是课堂的"主宰"，讲台不再是教师的"领地"，教师是学生研究的合作者、指导者。它最基本的出发点就是发挥学生的主体地位，使得全体学生参与到教学活动中来，变机械听讲为主动参与，从而使课堂生动、活泼、高效。

(一) 将阅读融入生活中去教

纵观语文教学的各个流派，解析法、板块教学法、切片教学法……真的是印证了"教无定法"。但教学一定有法，无论哪个流派、哪位大家，都无一不强调阅读的重要，无一不关注语文与生活的联系。生活的外延有多宽广，语文的外延就有多宽广，可见语文内涵之丰富；一千个读者眼中有一千个哈姆雷特，可见语言理解之广泛。内容丰富，解释广泛，使得每个人都可以谈语文，议语文。生本教育无疑给语文教师解了围。

知识来源于实践，但传统的语文课堂把文本分为教学生如何理解词，如何写，如何分析等，忽视知识的整体性，忽视学生通过亲身体验而形成的自我认识，生本课堂把知识还于生活，让学生充分地将知识形成自主的实践活动。

阅读的内容来源于生活，阅读的情感也在生活中生成，阅读与生活是息息相关的，所以今天我们呼吁在阅读教学中回归生命，要求教学方法生活化。语文阅读教学是生活的缩影，生活是语文真正的来源。小学语文阅读教学应该贴近生活，因为学生是活生生的个体，其本身存在于课堂，更存在于家庭、社会中，把学生放在社会这个大背景下学习语文，鼓励学生在生活中发现美，感悟人生，提高语文阅读能力。

---

① 吴爱双. 浅谈小学语文课堂师生互动式教学 [J]. 当代教研论丛，2016(08)：40.

(二) 将自主、合作贯穿阅读课堂始终

《语文新课程标准》倡导自主与合作的学习方式。教师应把这一新的课程理念充分地结合到实际教学中，充分调动学生自主学习、合作探究的积极性，把学习的主动权交给学生，让学生真正成为课堂学习的主人。"自主"与"合作"是学生学习语文的重要方式，也是最有效的方式。

1. 将自主学习贯穿阅读课堂始终

自主学习是学生主动地在自我监控下完成的学习，是一种高品质的学习。学生是学习的主体，教师是学习的组织者、引导者，阅读是一种个性化的行为，教师不能用自己的分析取代学生的阅读实践，学生所有的技能都要在具体的语文实践活动中获得。

(1) 留给学生自学时间。阅读教学是学生与文本对话的过程，教师在课堂上要安排时间，让学生充分地读书，让学生参与学习活动；要从学生个体出发，营造平等的课堂环境，不能让少数尖子生垄断课堂，让那些所谓差生当观众。学生自己能解决的问题教师不讲；学生似懂非懂的，教师要引导学生自读自悟；学生确实不懂的，教师应适时、适当点拨。把大部分时间留给学生朗读，以读导悟，悟其意、其情、其理，使学生在阅读的实践活动中不断提高语文素养。

(2) 教给学生自学的方法。在教学中，培养学生课前预习、课后复习的习惯。在上新课前，要求学生能熟练地诵读课文。借助拼音、字典并结合上下文学会生字、新词，中高年级还应根据预习提示的要求和课后问题读懂课文，把教材中容易解决的问题先解决，疑难的问题做上记号。对于学过的知识要及时复习，只有及时复习，才能在大脑中长久保持。

2. 将合作学习贯穿阅读课堂始终

(1) 合理分组

小组学习是课堂合作的主要形式，小组学习能让学生变被动为主动，特别是在小组讨论中，发挥学生的主体作用，小组成员之间交流、竞争，激发了学生学习热情，挖掘了个体学习潜能，使学生在互补促进中共同提高。

合作学习中分组是很重要的。合作学习宜采用异质分组的原则，也就是将男生和女生、学习成绩较好的和有一定困难度的、性格内向的和性格外

向的搭配分到一起。其目的是形成一种互补。每个小组以 4 人为宜。每学期应该调整稽查小组的划分，以便让学生有更宽的交往空间。

（2）明确任务

开展合作学习的任务选择非常重要。必须选择那些具有一定的挑战性、开放性、探索性的问题才能开展合作学习。

（3）给足时间

在课堂教学中，我们常常看到"合作"来也匆匆，去也匆匆。学生刚有了点自己的想法和感受，还没来得及和同学分享，教师便喊停。可想而知，这样的"合作"是没有效果的。所以我们应该给予学生充分的合作时间，让学生有思想，能充分地发表自己的意见，充分地倾听别人的想法，这样才能使"合作"落到实处。

（4）分工明确

合作流于形式导致学生不知道自己在干什么，使不良习惯也慢慢滋长。所以合作学习必须分工明确，让人人都有事做。如何分工，这就需要选一个小组长当记录员。每当有问题要讨论时，由小组长去分工安排，最后根据记录员的记录，将大家的意见进行整合，再指定一个同学代表小组发言。这样，使每个同学在合作中都有事干，既可避免不良习惯的滋长，又能使合作保质保量，最大限度地发挥作用。

（5）教师参与

随着新一轮基础教育课程改革的不断深入，课堂上教师与学生之间成为合作的伙伴，学生的学习动力也因有了教师的参与而变得更有深度。所以作为平等中首席的教师在合作学习中应发挥最大的作用，当学生遇到阻碍时，教师应及时参与，共同解决；当学生在合作中对问题的认识停留在表面时，教师及时参与学生的讨论，并引入最深一层，使学生的合作更有深度。

二、创建高效的生本阅读课堂

（一）利用教师的精讲为高效生本阅读课堂教学提供基础

新课标要求学生自主学习、自主研究，这是教师对课堂教学的一种整体把握，也是课堂教学的一种理想状态。事实上，小学生知识水平、认知能力、情感体验相对来说是比较有限的，学生在自主学习、自主探究过程中可能会遇到许许多多力不能及的问题，如果我们把自主学习、自主探究绝对化了，学生的自主学习、自主探究将会滑向"自流学习""自流探究"。教师知识的全面和厚实，认识水平的成熟，情感体验的深刻和丰富，是教师进行有效讲解的基础。

1.讲解应有助于促进学生的积极思维

有部分教师总习惯于按照自己的思维方式设计一套问题，然后以所谓的标准化答案的形式向学生讲解，以注入式教学把现存的结论教给学生，迫使学生被动接受知识。这种讲解调动不了学生大脑的积极活动，促进不了学生理解和记忆，更难以迁移运用。孔子说"学而不思则罔"，教师的讲解要有利于促进学生积极的思维，提出疑问，寻求答案。

2.讲解要把学生推向一个更新、更高的学习层次

教师的讲解要有质量的追求，讲解如果仅仅停留在学生的"现在发展区"，停留在学生的现有水准上，这不能算是有效讲解。

教师的有效讲解应该是建立在对文本的个性化解读上，建立在教师应该站在文本之上、学生之前的基础上进行。教师的讲解要做到超越文本，把学生"现在发展区"推向"最近发展区"乃至"未来发展区"这样更新、更高层次的学习中才能算是有效讲解。

(二) 利用教师的提问为高效生本阅读课堂提供指导

新课标倡导学生"自主学习""自主探究"，这种学习方式的基本特征之一就是问题性。学生对文本的感悟、感知不是产生学习的根本原因，产生学习的根本原因是问题，只有当学生真正有了问题，才能诱发、激活学生的求知欲，才可能让学生产生学习动力。

1.要有思考讨论的价值

教师在课堂上提问，既要紧扣教学目标，又要有思考讨论价值。提出的问题要能引发学生思维的交锋、智慧的碰撞，要能解放学生个性，张扬学生的个性。

2.要向儿童生活世界回归

教师的提问不要从专家、学者的角度出发，所提的问题高深莫测，让

小学生"不可触摸",而要向儿童的生活世界回归,要能激活学生的好奇心、想象力、求知欲。

3.要留给学生思考、讨论的时间

教师提出问题后,要留给学生充分的思考、讨论时间,如果教师自问自答,那么从根本上讲这仍然是注入式的教学方式,教师的提问是毫无有效性可言的。

4.问题表达要准确

教师的提问,意思表达要通俗、明白、准确,不要模棱两可,语意含混。

5.教师提问不宜过多

教师提出让学生讨论思考的主要内容不宜过多,一节课一般只适宜2~3个主要内容。如果太多了,学生在一节课内把教师提出的问题完全解决,时间上可能是不够的,还可能会造成每个问题都解决得十分肤浅,收不到实际的学习效果。同时,会把课堂变成"答教师问"的会场,学生自主学习、自主探究就会成为一句空话。

6.提问要守住语文本色

小学语文教学虽然讲求学科知识的融会贯通,但是非语文、范语文、远离语文本色的提问还是要少提,最好是能不提就坚决不提,要防止种了别人的园,荒了自己的田的情况出现。

(三) 运用课堂评价为高效生本阅读课堂提供保障

学习评价的功能很重要,如果这个功能发挥不好,一方面会使努力学习的学生因得不到正确及时的评价而丧失上进心;另一方面还会使还没有努力学习的学生辨不明是非曲直,会让他们迷失发展的方向。

1.建立一套评价原则

评价原则包括:评价的及时性原则;评价的针对性原则;评价的客观性原则;评价的激励性原则;评价的启发性原则等。尽管这些原则对学生可能"残酷"了些,但却有利于学生的成长。

2.建立多元评价机制

教师对学生的学习进行评价是无可厚非的,但是,总是单一地由教师给学生的学习进行评价，就不太合适了。在评价中，教师应该让学生的自评与他评相结合，促进被评价者与评价者的沟通，让评价者正确认识别人的评价。这种多元评价机制有利于师生评价的对话磋商，有利于消除评价中的分歧，更好地发挥评价的作用。

3.评价要注意多角度

要从知识点的获得、学习方法的获取、创新精神、心理素质、学习态度、情感态度、学习习惯等方面，对学生进行评价。评价的最后落脚点要放在有利于学生自我认识，接纳、认同正确的评价，有利于培养学生良好的思维品质及提高学生的综合素质。

4.评价要讲究方式和艺术

不能一味地通过"给他掌声""你真棒"等口头语言来进行评价，适时的肢体语言评价也很重要，在评价中一个会说话的眼神，一个真诚的点头，一个会心的微笑，一个含义深远的手势等，可能更是无声胜有声，更会让学生去思考，更会让学生去认同、吸纳教师的正确评价。教师科学有效的多形式的富有艺术的评价，能诱发学生质疑的兴趣、探疑的愿望、释疑的可能，有时还将激励学生一生，点燃学生人生的火把。

（四）利用多媒体教学为高效生本阅读课堂增加趣味

在小学语文阅读教学中多媒体可以与传统语文教学形成优势互补，适当运用多媒体技术，可以增添阅读课堂的趣味性。多媒体可以提供文本、图像、动画，有助于创设教学情境，营造有趣的学习环境，帮助学生感知语言，非常适合小学生学习。并且，多媒体生动、形象、直观的特征，符合小学生的认知特点，能够激发学生的学习兴趣，增加他们学习的动力。

第六章

生本教育理念在小学语文写作教学中的应用

第一节　基于生本教育的作文教学

生本理念，即"以生为本"的理念指导下的小学作文教学，对于教师深刻认识小学作文教学的本质与规律，对于教师正确把握教学方向与调整教学行为有着重要的意义。同时，也是让小学生作文书写儿童生活的必然选择。

常言道："文如其人。"说的就是这个道理。因此，作文教学不仅要关注学生"情""志"表现的形式——文章，更要关注学生内在"情""志"的培养。

在作文教学中，无论是作文的命题、指导还是作文的修改和评价，都要让学生广泛地参与进来，充分调动学生参与的积极性。

真正实现从过去的"要我学"到"我要学"的转变。生本理念并不否定教师在教学过程中所起的作用，认为教师在教学活动中主要扮演"引路人"角色，对学生的学习活动起组织和引导作用。

一、生本作文教学的阐释

生本作文教学是在作文教学中贯穿生本教育理念，教师应该在生本教育理念和基本作文教学模式指导下进行教学设计，尊重学生的认知规律和发展规律，并把学生当作重要的教育资源来开发，关注学生不同特点和个性差异。

在作文教学中要体现"生本"理念，就需要从学生的实际出发，在作文教学中发现确立"以学生自我为中心"的体系，坚持作文教学"一切为了学生，高度尊重学生，全面依靠学生"的新理念，充分认识到学生是整个写作过程的创造者，教师只是一个启发者、引导者。

小学作文是小学语文教学中的重难点，并且写作对于小学生而言也存在一定的难度。小学生具有丰富的想象，天真单纯的想法，还有强烈的表达欲望，但是，小学生文学功底还比较薄弱，观察能力较差，组织与驾驭语言的能力还比较弱，并且所写作文内容空洞，词不达意，条理不清，这就严重地阻碍了小学生写作能力的提升与情绪语言能力的表达。因此，在小学语文教学中必须充分发挥教师的引导作用，将生本教育贯彻到写作教学中来，使小学生在主体意识的发挥下，获得最优的教学效果。

二、小学语文生本作文教学的特征分析

生本理念下的语文作文教学有如下特点。

(一) 小学语文生本作文教学重视学生的主体性地位

生本教育认为"感悟"是学生学习的基础与核心部分。感悟的基础地位和作用体现为两点。

1.感悟对于学生精神生命的拓展意义重大，它不仅对学生的后继学习起着支配地位，而且也是学生思想与智慧形成的基础。

2.感悟对于学生自觉进行更广泛的高级学习具有重要动力，因为学生通过感悟对学习产生强烈的兴趣，调动了学习热情，进而提高学习成绩，形成更广泛的学习动力。

(二) 小学语文生本作文教学重视学生的直接认识

生本教育倡导和实施的"先做后学、先会后学""先学后教、不教而教"等教学原则，突出强调了学生的直接认识在作文教学中的地位与重要作用，学生通过直接认识来理解感悟是作文课堂教学的鲜明特色。在生本作文教学课堂中，学生的直接认识非常重要并且备受关注，教师要适时恰当地引导学生的直接认识，为写作思路提供更广阔的空间。

(三) 小学语文生本作文教学重视学生讨论的生本化

传统教学中的课堂讨论往往局限于局部的讨论，很多学生没有参与进来，而发言的学生由于受标准答案的影响，没有深层次的个性体验。并且过分强调教师的主体性以及教师不相信学生的原因，教师在课堂的讨论中往往不敢放手。而生本教育课堂中的讨论往往受到高度的重视，这种讨论体现在师生、生生之间的对话、讨论中，以及以教学内容为中介的多元、多向、多方面的讨论交流中。

(四) 小学语文生本作文教学重视丰富学生的潜能

传统教学过程中往往忽视学生的内在潜能，注重教师整节课的灌输式学习，长期下来，学生养成了不动脑或者懒于动脑的习惯，学习的积极性下降。而生本教育理念是"授之以鱼，不如授之以渔"，要求教师在教学生学习知识的过程中培养他们良好的学习习惯，使学生成为学习的真正的主体、发展的主体，在课堂中养成勤于动脑、多提问、自主探究的习惯，使学生的潜能得到最大限度的发挥。

(五) 小学语文生本作文教学面向全体，缩小差距

面向全体学生、缩小学生之间的差距是素质教育的根本要求。生本教育本着不抛弃不放弃的教学原则，把学生必学部分严格控制在同一层次，尽量照顾到每一位学生，并且对于完成的时间不做硬性的规定，要求不至过高，既消除了学生的抵触心理，又照顾了他们的面子和保持了他们学习的热情。

三、小学语文生本作文教学的内在优势

小学语文生本作文教育能够突破传统向学生灌输知识的模式，以精神层面为突破点，突破传统作文教育对学生学习思想的束缚，更加频繁地带给学生课堂上的情感体验，为思维模式培养奠定内在基础。

小学语文生本作文教学是学生主要的思想成长环节。同时，在语文课堂中，学生通过对作品的理解，丰富了自己的情感世界。

老师传授知识固然为了学生的学业，但更重要的还是要培养学生的思维能力，达到真正的传道、授业、解惑。因此，学生的成绩和分数只是人生中的短短一瞬，真正能够跟随我们的是学习过程中积累的思维方式和价值观。

学生只有学会思考，懂得将学会的知识融会贯通，才能够达到教学目的。作为一个勤于思考的人，他们能更容易地将所接受的知识转化为自身的能力，尽可能地将自身的优势展现出来，学生也不再是只会读书的"书呆子"，而是一个有独立人格的人。

在小学作文教学中加入生本思想，不仅能够帮助学生更主动更容易地接受知识，而且更强调学生在学习过程中的创新性与主动性。在学习中加入情感元素，在一定程度上达到了教育创新的目的，不仅在课程与教育目的上达成了创新，也是教学价值观的创新。

第二节　激发小学生语文写作兴趣的有效策略

小学语文写作教学是小学生正式开展语文写作训练的初始阶段，属于写作启蒙阶段，也为学生后期初高中阶段更深层次的写作奠定了基础。这个阶段对小学生的写作兴趣培养非常重要，只有让小学生对语文写作有了兴趣，他们才不会抗拒和畏惧写作，而是把写作当作是学习的一大乐趣。至于写作技巧等方面的培养提升，也需要建立在浓郁的兴趣之上，因为小学生只愿意花时间和精力去完成自己感兴趣的学习任务。

对于小学语文教师而言，要想激发小学生的语文写作兴趣，首先需要找到学生对写作不感兴趣的因素，只有了解清楚学生的真实情况，才能"对症下药"，从而提高小学生的写作兴趣。

一、小学生对写作不感兴趣的主要因素

语文写作是一个非常复杂的脑力劳动过程，并且需要占据大量的时间，一定程度上来说，为了帮助学生发散思维，还需要保证写作中安静的氛围，所以，提升写作教学的有效性并不是一蹴而就的，而是需要结合多方面的教学思考，尝试多种创新的引导途径，才能小有成就。但是长久以来，摆在我们小学语文教师写作教学工作面前最大的问题就是如何激发儿童的写作兴趣，写作兴趣的缺失，将直接导致教学的失败。

俗话说："兴趣是最好的老师。"在儿童写作兴趣被激发的前提下，学生的思维发散，就可以起到事半功倍的效果，孔子也认为"知之者不如好之者，好之者不如乐之者"。在我们课题研究小组看来，能够将写作作为一种乐趣和兴趣的小学生，才能在语文写作中得到最深刻的学习体验，这样养成的写作习惯才能跟随儿童一生，进而让小学语文教学的效率更高，优化小学

语文写作教学的整体质量。

　　导致小学生语文写作兴趣缺失、写作学习质量一再下降的原因有很多，归结起来，主要体现在以下几个方面。

　　普遍认为写作很难，无话可说。语文写作是一个综合知识运用的过程，不仅考查学生的观察和思维能力，还对语言组织能力有一定的考查，学生在写作过程中，要把汉字、词语组成一句话，还需要用关联词和各种写作手法把句子连成片段。而小学生知识储备普遍较少，情感也较为简单，导致很多小学生在写作过程中"无话可说"。

　　部分语文教师的写作教学模式普遍单一、传统和保守，不懂得创新和创造。我国是一个具有五千年文明历史的大国，可以说教育是伴随着五千年文明历史而不断发展的，其中有优秀的一面，比如古代教师非常重视德育方面的内容，师道尊严、尊师重道的观念在实施教学中将作为关键和首要的内容要求学生深刻铭记，并且我国古代著名的教育家孔子也曾率先提出"因材施教"的观点，这对我国的各个教育阶层开展有效高效的教学具有十分重要的指导意义。

　　当然，传统教学思想中也有一些不太切合当今时代发展的教育主张，比如课堂僵化的教学模式，过分重视学生的考试成绩，以及功利化教育观点，等等。这些都让我们的小学语文写作教学蒙上了一层厚厚的"尘土"，不仅阻碍了儿童的健康发展，更不利于落实素质教育改革。

　　写作教学评价方式不够科学和多元，教学评价是保证教学质量的重要过程，也是对学生学习成果的一种检测。通过评价我们可以让学生知晓自己懂得了什么，哪些关于写作方面的知识还处于薄弱环节，进而在这些方面继续努力。另外，通过合理的教学评价，更可以让我们教师知晓我们当前所处的写作教学阶段，明确课堂教学所取得的成果和不足，是师生互相提升的一种手段。但是写作教学评价最忌讳用简单的评语，因为过于单一和机械的教学评价，会让学生感觉到教师是在"敷衍"自己，而不能达到理想中的教学评价效果。

二、激发小学生写作兴趣的教学建议

写作教学不仅要着眼于提高学生的书面表达能力，还要关注学生自我意识的发展，因为写作本质是一种表情达意的手段，是主体与外在的交流和意义建构，这种外在包含真实生活世界、精神世界和社会文化世界。[①] 可以说，写作是人生活的一种方式。

小学阶段的学生尚处于发展阶段，精神世界有待建立，本着立德树人的职责，教师应该致力于帮助学生构建积极的精神世界，启发他们对外界事物的兴趣和探索。

在写作教学方面，教师就要注意提高学生的写作兴趣，激发学生创作的欲望，使学生学会关注生活、体会生活，涵养精神，发展个性。

(一) 转变写作价值取向，还原写作本质

关于写作价值取向，目前存在三种说法："结果—文本"取向、"过程—作者"取向、"交流—读者"取向。"结果—文本"取向的写作严格控制文章的修辞、结构和语言等，对内容、动机和实际用途却极少考虑，最终目标是训练学生制作出合格的文章；"过程—作者"取向的写作虽然由关注写作结果转向了关注写作过程和写作主体，然而这种取向的写作教学极易沦为机械的操作流程，如此会扼杀学生的创作冲动和写作兴趣；"交流—读者"取向的写作则更为关注"为何写""写了有什么用"等更深层次的问题。[②]

写作是交流，是基于生活、工作、学习以及精神的需要而产生的一种真实语境下的表达和交流。[③] 强调和关注交际语境才会从根本层面上解决目前写作教育的问题，使写作回归本质。

首先，教师应该学习和转变自身的写作观念。这是因为教师的观念很容易影响学生的观念，影响写作教学活动中的学，同时，教师的写作观念支撑着教师的写作教学活动中的教。多数语文教师还停留在狭隘的写作观上，认为写作教学的目标就是教会学生写高分作文，写符合考试评分标准的作

---

① 荣维东. 写作课程范式研究 [D]. 上海：华东师范大学，2010.
② 荣维东. 谈写作课程的三大范式 [J]. 课程·教材·教法，2010，30(05)：27-31.
③ 荣维东. 交际语境写作 [M]. 北京：语文出版社，2016.

文，全然不顾学生的真实情感的表达和现实写作的需要。只有当教师转变和更新了写作观念，才会在写作教学过程中强调语境，强调表达，注重内容，衔接实践。

其次，要向学生强调写作对于学生自身的作用。写作是一种交流、表达、记忆思想和信息的工具，除了作为工具的价值，写作还应当被视为一种享受，学生学会用文字把自己感兴趣的事情或者值得记忆的情感体悟记录下来，这是一个充满成就感的过程。除了为自己写作，学生还应该明白，有时候的写作还是"为了不同读者"，这其实就是强调写作的实用价值和学生写作的社会价值，作为一种和其他人交流的手段。

从这两个方面来说，写作不是学生们理解的"瞎编文章"，而是丰富个人阅历以及融入社会的重要手段。[①] 向学生传达写作的目的是交流交际，是工作和生活的需要，而不是学生所理解的"写作文没什么用"。

最后，写作评价标准也是影响写作价值取向的隐形之手。在教学中，旧的写作评价标准根深蒂固，偏重结果，标准硬化，主体单一，这些都不利于学生写作兴趣的激发，写作能力的提升更是空中楼阁。对此，我们要积极改变现有的写作评价标准，适当借鉴国外的评价标准，取其精华，去其糟粕，结合我国实际和学生实情，不断优化和改进写作评价标准。从而让学生对写作持放松的心态，重观察，重思考，重真情实感的表达，鼓励小学阶段的学生充分发挥想象，发展自己的个性，有创造性地表达，淡化文体要求，重在激发学生写作的兴趣。

（二）创设生活情境，激发学生的写作动机

学生口中抱怨的"不知道写什么"其实就是缺乏素材，或者说是缺少发现素材的眼睛和对生活的体悟。小学生生活经验不足，对生活确实缺少体悟，但是，在每个孩子的心灵深处都有一个缤纷的世界，我们要唤起学生对生活的热情，广开生活之源，加强写作与生活的联系，指引学生多观察生活，丰富生活经历和情感体验，学会有感而发和学以致用。

在一些情况下，由于学生在校时间过长，接触外界新鲜事物的机会较少，因此缺乏某些实践的经验，或者因为年龄较小，确实缺少某些方面的生

---

① 钟启泉，倪文锦，欧阳汝颖 . 语文教育展望 [M]. 上海：华东师范大学出版社，2002.

活体验，这样的因素就会导致学生想写作文却没有素材。因此，教师就要善于创设情境，调动学生的情感，使学生有材料可写。教师可以围绕教学目标设计一些符合学生心理特点的教学情境和写作语境，使学生产生写作需求，激发写作的动机，为学生的思维提供广阔的天地，拓宽写作的题材，最终达到以兴趣促写作、学生写作水平提高的目标。

信息加工写作心理认为，写作是信息的搜集、加工和处理的过程，作文所涉及的主要内容主要是存储在作者长期记忆里的。这些信息有的是阅读积累而成，有的是思考所得，有的是亲身经历的生活经验，有的是对周围人物的所见所闻，这些都沉睡在作者心中，处于锁闭隐藏状态，需要外界的引导和激发，才会被成功提取和加工，被运用到写作中去。①

对于思维方式还处于发展过程中的小学生来说，教师需要发挥重要作用，帮助学生唤起已有体验，或者帮助学生学会将"外在的生活"转化为"内心的生活"，再把这种体验表达出来。

学生之所以觉得言之无物，没什么可写，是因为缺乏对生活的选择和留存，缺少加工和想象，自然就没有独特的感受和表达自我的发现。因此，写作更重要的是贴近自我，贴近心灵世界。②

（三）注重写作过程指导，搭建学习支架

学生在写作中会遇到各种难处，当学生受阻后很容易产生畏难情绪和挫败感，渐渐地对写作望而生畏，闻风丧胆。因此在写作过程中，教师要给予热情的点拨，进行切实的指导。

学生在指导后自主修改例文，教师又引导他们逐一对照三个要求检查改进自己的习作，在这样的一遍遍指导和修改中，学生的语言越来越生动，写作水平有所提高，同时也对写作产生了一定的自信。

写作要经历"双重转化"，第一重转化是客观事物经头脑反映形成观念或情感，第二重转化是观念或情感经头脑表现形成文字和文章。

在第一重转化里，学生写作主体通过将生活的所见所闻反映到头脑中来，进行内化，生成某些想法和观念。因为是小学生，他们还不善于观察生

---

① 王荣生.写作教学教什么[M].上海：华东师范大学出版社，2014.
② 潘新和.不写作，枉为人——潘新和语文学术随笔[M].福州：福建教育出版社，2015.

活，不能敏锐地观察生活的亮点，思维还不够成熟，这次内化需要教师的指引和触发。

第二重转化是写作主体将头脑中的想法和情感加工组合，用文字表述出来，就形成了文章。这个过程同样需要教师指导，比如如何选择材料，如何组合语言词汇，如何按照一定的语言逻辑表达，等等。

学习支架的搭建有很多种方法，目的是突破学生写作的重难点，让学生有内容可写，懂得怎样写。

(四) 采用开放评价方式，重塑学生的写作信心

学生的心语往往最能解释问题之所在，"我不喜欢，因为我的作文分数总是很低""我不喜欢写作文，因为写作文太可怕了，写得不好要被老师骂"。学生的这种战战兢兢正是因为写作评价的严苛与目标偏失，我们不能为了评价而去评价，而应该以评促改，发挥评价的发展性作用，采用科学的评价标准，增加学生写作自信，解决学生的心理障碍，在此基础上进行具体细致的点评指导，提高学生写作兴趣与水平。就此方面，建议实行开放性作文评价，这种开放性有以下几方面的含义。

1. 评价主体多元化

教师命题学生写作，这种情况下学生是处于被动地位的，在写作教学过程中，学生作文教师批改也是让学生处于被动的地位。学生应该自己考虑和决定该如何修改作文，教师只需在关键时刻给予引导和点拨，注重培养学生自己改的能力。[①]

在写作评改环节做一些改变，不仅能让学生处于主动地位，还能激发他们的写作兴趣。改变教师为主体的单一的评价批改方式，使写作的主体即学生参与到作品的评价过程，具体来说，可以结合以下三种评改方式。

(1) 教师评改。教师在评改时应该保持负责、规范的态度，给学生做出示范，教给学生优秀作文的标准，指出修改的理由及方法，并启发学生学会自改作文。让学生处于主体地位并不是说让教师全盘退出，没有教师的示范评改，学生就不会知道如何评改，也不知道评价标准和要求。

(2) 学生评改。学生评改包括自改和互改。自改就是学生在教师的指导

---

① 叶圣陶. 叶圣陶语文教育论集 [M]. 北京：教育科学出版社，2015.

下依照批改的原则、方式和要求，自己评改自己的作品，这个过程是学生重新审视和反思自己作品的机会，能帮助学生更好地理解写作的意义。互改就是指学生之间相互交换批改作文。这种方式可以教会学生欣赏他人，取长补短，同时，随着主动参与性的增加，学生也会渐渐爱上写作。

（3）师生共改。即教师和学生共同分析和探讨学生中的优秀作品，与学生一起评价、修改。

2.等级和评语相结合

学生缺乏写作热情，常常是源于教师对学生作品的"冷情批阅"，通常情况下是 A、B、C、D 等级，把正文中的几个错别字圈出来，也有甚者是在文末划一个对钩了事。这样的写作评价带给学生的少有愉悦成功的快感。

采用等级和评语相结合的评价方式，一方面可以让学生清楚意识到自己的写作水平和逐渐的进步，另一方面可以直观地呈现给学生应该怎样写才好，作文应该如何修改，与此同时，鼓励学生的写作热情和促进学生写作水平的提高，让学生对自身充满信心。

教育的第二个名字叫"激励"，教育教学从其本质上来说更是一门艺术，因为它不仅是知识本领的传授，更是对个体人格的唤醒与鼓舞，而对学生人格和精神的影响远比知识的传授更为重要。

教师在评改中要善于发现作文的亮点和学生的进步，并给予及时和适当的赞扬，表扬时要真诚，不能用套话模板一概而论，应该明确指出学生的进步之处，评语要体现针对性和多样性。针对学生的不足，教师应该保持耐心，引导学生进行修改和完善。

（五）分享学生写作成果，增加学生的写作自信

学生写完一篇习作，教师对作品进行了评改，这还不算写作教学过程的结束，还有一个重要的环节就是分享和发表。"文本的生命在于流通，在于读者的阅读；言语生命的价值也在于此"[1]。

教师不仅要鼓励学生写，还要鼓励学生把所写的内容分享出来，进行"发表"，这里所指的发表不一定非要是在报刊上发表，可以是在校内报刊上发表，可以是在校广播上播放，可以是入选班级作品集，还可以是被编辑到

① 潘新和.不写作，枉为人——潘新和语文学术随笔 [M]. 福州：福建教育出版社，2015.

学校公众号上广为传阅，还有其他很多种形式，都可以被视为学生发表的路径。

写作不仅仅是给自己看的，也不仅仅是为了给老师评分的，写作还可以或者说是应该用于交流和传播，在交流的过程中，言语会越来越有光彩，文章会迸发出生命。

对学生而言，能够"发表"和"交流"是写作成功的标志，是比高分和教师的表扬更有激励作用的成功体验，能充分调动学生的写作兴趣。

教师可以采用两种操作性比较强的方式来展示和分析学生的作品，让学生获得写作的自我效能感，一种是班级作品集，另一种是学校公众号。

采用班级作品集的形式可以有效激起学生的写作兴趣，看到自己的作品被印成铅字，几乎每个孩子都会在心里雀跃欢呼。目前有些学校是把学生作品放在校园网上，这种激励效果不够好，因为学生无法直观地看见自己的作品呈现在自己或者朋友的面前，这样就削弱了学生的那种成就感。

近些年，很多学校都开设了微信公众号，宣传学校的特色和大事件。网络时代的发展，使得学校公众号具有了较强的传播性。学校可以考虑在学校公众号里添加一个版块，专门分享和刊登学生的优秀习作。学生想到自己的作品有可能被如此多的"读者"阅览，无疑会有一种巨大的成就感，这种成就动机就会催生学生的写作兴趣和写作动机。

第三节　生本教育理念应用于小学语文写作教学的有效策略

生本教育是当今教育发展的新趋势，也是教学改革绕不过去的使命。就如何在生本理念下实施小学作文的教学，笔者有如下建议。

一、充分发挥小学生在作文教学中的主体性地位

现行小学作文教学现状中存在的学生被动习作、兴趣缺乏、内容空洞、评价单一等问题，都可以归结为一个原因——就是在教学中学生的主体性地位缺失。为了充分发挥学生在习作教学中的主体性地位，我们不仅要研究学生主体性地位落实的方法策略，还应该重视学生自身的积累、需求的强化

与情感的激发这些非智力因素对学生积极发挥主动性的影响。

(一) 有方向性地重点积累

1. 有方向性地重点积累的重要性

奥苏伯尔根据学生进行学习的方式，把学生的学习分为机械学习与有意义的学习。他认为，有意义学习就是符号所代表的新知识与学习者认知结构中已有的适当观念建立非人为的和实质性的联系。有意义学习理论强调在新知识的学习中，认知结构中原有的相关观念对学习新知起决定作用。

语文学科的性质是工具性和人文性的统一，割裂或偏废其任何一方都是对语文学科性质的误读。在小学阶段，学生在基础知识和生活认识方面的积累还很欠缺，因此，对学生有方向性地进行积累训练是充分发挥小学生在作文写作中主体性地位的基础步骤。

2. 有方向性地重点积累的策略

小学生的习作内容是建立在充分的材料占有量之上的。没有丰富的素材占有量，就容易导致小学生在习作中出现令人"啼笑皆非"或"空话连篇"的问题。

张孝纯先生提出"大语文观"的思想，他认为语文的外延应该与生活的外延一致。所以，在小学作文教学中应该把学生带向社会生活。不仅教学生如何进行外在的观察，还引导学生修炼一双"内视"之眼，训练学生心灵的敏感力。

如选取家庭生活中有关妈妈做饭的情景，让他们观察了解做饭的程序，引导学生带着感受参与其中。若条件允许，可以让学生在妈妈的指导下亲自经历做饭的过程。源于真实可感的生活体验，学生写作文时就更有内容可写，更有感受可挖，作文也变得轻松起来。

在教学中，我们要充分发挥资源意识，开展丰富多彩的语文实践活动，多给学生创造参与社会实践活动的机会，让他们在熟悉的生活中实践，在实践中写作。同时，也要注意培养学生善于发现素材的能力，使其张开心灵的翅膀，在生活中汲取作文素材，储备知识，发展能力，加深感悟，丰富体验，进行大量的"前作文"阶段的储备工作。

李白坚教授主张，老师可让学生去阅读大量的背景材料，充分经历"前作文"的过程。在以往的教学中，通常只关注"写作中"这个阶段，缺乏对作文之前的"前作文"阶段的关注和重视。生本理念下的作文教学与以往作文教学的不同之处体现在，对学生作文前经历的漫长写作积淀与潜伏期的足够关注与重视。

李白坚教授特别强调学生前写作阶段知识与能力的积累，感受与感悟的丰富，语感与悟感积淀。

首先，教育者要抓住小学阶段——人的一生中最宝贵的记忆黄金期，利用好小学六年的时光，促使学生进行大量的阅读实践，让学生通过大量的阅读，积淀语感，积累感悟，储备作文能力。只有阅读的根基深，才能实现写作枝叶茂的期待。

通过阅读，大量积累好词好句好表达，是以学生为主体进行作文教学的基础。值得指出的是，由于受自身发展水平的制约，以及作文教学显性规律不多所限，小学生对于作文学习规律的领悟尚不能完全靠自己内化。这就要充分发挥生本理念下教师的重要作用，要求教师用自身完备的作文体系知识以及写作体验，通过作文教学能力使学生突破瓶颈状态，从而实现写作能力的拔节。

其次，为了更好地进行有重点的积累，笔者建议可以通过让学生使用摘录本、发放积累卡、建立积累档案、分小组合作交流积累成果等方法，让新知识进入学生的脑海形成永久记忆，使之在使用某类材料时被唤醒与激活，可以马上迁移到学生的作文中来。

(二) 有针对性地强化需要

人本主义心理学家马斯洛把人的动机分为五个层次：生理需要、安全需要、归属和爱的需要、尊重的需要以及自我实现的需要。人均有这五种需要，当低层次的需要被满足后，个体会追求更高层次的需要。美国心理学家班杜拉提出了"自我效能感"的概念，他认为个体在执行某种行为之前，会对自己是否能够完成此行为做出判断。

如果人的行为受到奖赏，那么他以后出现这一行为的概率就会增加。在小学阶段，教师对学生的作文进行表扬会引发他们成功的体验，这势必会满足他们自我实现的需要，进而充分发挥小学生在作文写作中的主体性地位。

语文教师要帮助小学生明确作文是用语言文字表达自己对客观世界的认识，抒发的是自我的主观情感。让学生把自己的所观、所感转化成文字，开展多种形式的作文教学活动，给学生畅所欲言的机会。因而，我们要多从学生自身的需求出发安排写作任务，给学生充分表达的自主权，让他们的想法、观念、认识、情感得到自我的表达，进而强化其表达的需要，让"我要表达"的意识成为学生习作能力发展的一大动力。

（三）有目的性地激活情感

《义务教育语文课程标准》明确要求，小学生作文应说真话、实话、心里话，不说假话、空话、套话。①

写文章要有真情实感，要有感而发。因此，语文教师在教学过程中必须运用一定的方法触动学生的感情，激活他们对人、事、物的情感，继而把这一情感迁移至要表达的语境中去。

语文教师自身应该有良好的情绪状态，在学习活动中去感染小学生的写作情感。小学低年级的学生，情绪情感具有很大的易冲动性，他们不善于掩饰自己的心理状态，并且极易被外界的情感所打动。因此，语文教师在平时的教学活动中应调整好自身的情感状态，准确及时把握学生的感情趋势，引导他们用真实、恰当的词汇表达自身的情感体验，在这个过程中，很自然地将对客体的情感迁移到小学生的主体情感中去。

教师可在教学活动中激发学生的情感，以此来推动他们认知活动的进行。学生作文的过程就是艺术创造的过程，在学习和生活情境中诱发学生的感情，能够激活学生的情感诉求，继而进行作文创作。语文教师要尽可能地利用身边的教学资源，结合现代教育媒介，调动学生的情感积累，并实践于写作当中。

二、尊重学生个性，鼓励学生自由表达

作文是心灵王国的产物，心灵王国最大的特征就是自由。要实现小学

---

① 中华人民共和国教育部．义务教育语文课程标准（2011年版）[M]．北京：北京师范大学出版社，2012.

生习作自由的目标，离不开对学生个性的尊重。作文只有在尊重学生个性的基础上，才能在习作者的笔下看到其独一无二、色彩斑斓的内心世界，也才能真正实现学生习作的自由表达。

(一) 在作文教学中尊重学生的个性

写作是作者对世界的一种言说方式。这种言说方式与作者本人的性格、气质、志趣、爱好等心理因素以及学识、思维方式等智能水平有关。不同的作者心智水平不同，对世界言说的方式肯定会存在各种差异。因此，写作从本质上讲是一种个性化的行为，是表达个体内心体验和外在感受的一种创造性活动。从这个意义上讲，小学生的习作也是一种富有个体性的精神劳动。

生本理念下教师要正视和尊重学生的个性及个性差异，在作文教学中，既要重视学生智能水平的提高，同时更要关注学生的非智力因素在学生习作过程中的重要作用。面对低学段的学生，尤其要重视学生写作动机的激发。

心理学认为，动机是激励人去行动以达到一定目的的内在原因或直接动力。可以说，人的任何行为都有着一定的动机存在，动机的强弱直接影响着行动的程度。作为个体行动并维持其行动的一种心理状态，动机也深受环境的影响。

同样的动机在不同的环境影响下可以得到不同程度的强化或弱化。作文动机也一样，每个学生都有与生俱来的表达和交流的愿望，这是由人的社会属性决定的。但这种表达和交流的愿望同样也深受学生所处的环境的影响。

比如，在小学作文教学过程中，我们经常会看到这样一种现象，有些学生由于在写作过程中遇到了一些困难，或者是自己的习作受到了老师或家长批评，这时，大多数孩子的习作热情都会有所降低。这就要求教师在教学设计时，一定要了解学生的兴趣和需要，根据学情设计适合学生的教学目标，使每一个孩子都能在目标实现的过程中体验到成功的快乐。

尊重学生的个性，教师在作文教学中还应该尊重学生独特的感悟和体验，鼓励学生在习作中表达真实的自我，追求学生习作的"个性化"，真正实现"以我手写我心"，使习作真正成为学生性情的自然流露，实现人与人之间心灵的对话。而要做到这一点，就要归还学生习作的话语权，尊重学生独一无二的存在，尊重学生的稚嫩与肤浅，尊重学生的思想、情感、心绪等，少设限，让学生进行真我、自如、自由的表达。虽然小学生年龄还小，阅历较浅，知识和经验积累也比较少，但每一个孩子也都是一个独一无二的个体，让他们在个性化的写作中认识自我、发展自我也是作文教学的重要使命。

习作的"个性化"就是要鼓励学生在习作中展现自我的个性，包括自我独特的思想感情、独特的文章构思、独特的谋篇布局以及独特的语言风格与表达习惯。概而言之，习作个性化就是学生自我独特的心理特征在习作中的真实反映，是学生在已有经验和知识的基础上对客观世界的独特加工与外化。

然而，从小学作文教学的实际来看，不少教师从追求"短、平、快"的角度出发，在作文教学中往往以统一的教学目标、统一的评判标准与统一的教学流程求得具有共性色彩的统一化教学成果。

从表面看来，这样的教学似乎是既省时又见效，但从实际效果来看，学生习作往往是"千人一面""千人一腔"，学生习作的"公式化""雷同化"成为较普遍的现象。更为严重的是，这样的作文教学使学生的个性在很大程度上被共性所取代，学生在习作中所呈现的不再是自我的"真性情"，而是造作的情感、功利的思想以及成人化的表达。这种"为文造情"的"无我之文"实质是学生作为"作文主体"的权利被剥夺的结果。所以，追求学生习作的"个性化"就是要将小学作文教学的"主体"地位真正归还给学生。

（二）鼓励学生自由地表达

自由表达原本是写作的根本性要求。但由于教学理念的偏颇和教学方法的不得体，自由表达非但没有随着作文教学的深入而得到应有的强化，反而愈来愈成为学生写话和习作的一种奢求。

事实上，自由表达与学生的自主性是紧密联系在一起的，自主性是自由表达的前提和基础。长期以来，学生的自主性在小学作文教学中都没有引起老师的关注。教师命题学生作文已经是司空见惯的作文教学现象

在整个作文教学的过程中，学生实际上处于被动从属的地位。教师不仅要求学生作文要紧扣教师命题，而且要严防"偏题""跑题"等等。

在教师命题不能触及学生感兴趣的话题时，学生也只能是冥思苦想，东拼西凑，敷衍成篇。此外，教师在作文指导时又存在着严重的"成人化"倾向，不厌其烦地给学生讲授"审题立意""炼意取材""布局谋篇""过渡照应"等写作规律及技巧。这无形中在小学生的心目中形成了表情达意的种种壁垒，不但禁锢了孩子们的思想，更不利于表达多姿多彩、变化万千的儿童世界。

生本理念强调在小学作文教学中，教师要放开种种束缚，鼓励学生自由表达和有创意地表达，要为学生的自主写作提供有利的条件和广阔的空间，使学生能不拘形式写下见闻、感受和想象。具体来讲，在作文命题上，一方面主张无命题作文或半命题作文，要尽可能给学生提供较大的思维空间。另一方面强调教师要积极调整命题思路，跳出《我的爸爸》《难忘的一天》《记一件有意义的事》等陈旧老套的命题，多立足小学生的生活实际，设计富有时代色彩，能够触动孩子心灵，充满生活气息的新颖命题，努力寻找孩子习作的"兴奋点"，使他们能够"下笔如有神"。

在作文指导上，生本理念要求老师在小学作文教学中坚决防止"成人化"倾向。一方面，不能过分拘泥于"主题""材料""结构""表达""语言"等写作知识，而应该把教学的着眼点放在指导学生说清自己的想法上，让学生能够具体明确、文从字顺地表达自己的想法、感受与见闻。另一方面，也要淡化文体知识。过去的小学作文教学十分重视文体意识，尤其是强调要写好记叙文。

事实上，对记叙文的过分强调不仅给学生作文带来很大的约束，在某种程度上也局限了教师作文指导的空间。老师全面而系统地把记叙的要素、顺序、方法等这些知识灌输给学生的结果是学生虽然掌握了知识，但作文中的"灵性"和"童真"却再也找不到了。

所以，生本理念下的小学作文教学主张淡化文体知识。鉴于生活中，诸如广告、标语、书信、建议书、说明书等与现实生活联系更紧密的实用文使用频率较高，教师应根据语文学科工具性和人文性相统一的特点，重视培养学生实用文写作的相关能力。

教师应充分挖掘生活中可以为实用文的习作资源，让习作成为满足生活的一种需要，提高学生通过习作参与实际生活的能力，进而实现习作表达功用上的自由，使习作真正成为个体自由表达的一种途径与方式。

此外，为了鼓励学生自由表达，生本理念还要求老师在小学作文教学中，不过分强调作文技法的重要性，不过分要求学生习作讲究渲染铺垫、起承转合、首尾照应等。

事实上，这种作文要求已经远远超出了小学生实际的理解和接受能力水平，是一种"拔苗助长"式的做法。这种做法不仅不能取得理想的教学成效，而且会严重挫伤学生习作的积极性。因此，生本理念下的作文教学主张教师在作文指导中应该更多地关注学生情感的激发和习作内容的丰富与充实，而不能过分强调章法技巧，要让学生多一些表达的自由，少一些禁锢束缚。

三、对小学作文的评价机制进行创新

《义务教育语文课程标准》提出了新的作文教学理念，作文评价是作文教学过程中的一个重要环节，理应和新理念相适应。笔者认为，作文评价不能只局限于对学生的某次习作或是某次考试习作的终结性结论，而应该是通过评价激发学生再次习作的欲望，进一步调动学生习作的积极主动性，进而提高学生的习作能力。

在实践中，教师可尝试采用以下评价策略。

(一) 创建多元化的评价机制

打破单一的评价主体，实行多主体的评价方式。评价主体可以是教师、同学、学生自己，甚至还可以是其他所有读到这篇作文的陌生人。这种多主体的评价机制能更客观、更全面地评定学生的习作能力，也使学生有机会从不同的层面了解自己习作的闪光点和不足之处。

1. 师生互动

传统的作文教学实践中，单纯地把教师作为评价的主体显然已经不适应新的作文教学理念，教师不再是拥有绝对评价权的"霸主"，而是课堂的引导者和组织者，由学生不可触及的地位转变成"平等对话中的首席"，这就要求师生之间的互动必须是建立在师生相互尊重、平等交流的基础之上。

由于小学学段较低，学生的知识积累和理解能力相对薄弱，面对教师

给予的书面评语可能易出现似懂非懂的现象。这种情境下，教师可与学生进行面对面的交流。教师以学生的作文为依据，用自己简洁并带有鼓励性的语言对学生进行指导，指出他们作文中的闪光点和不足之处，引导学生在不断的修改中获得进步和一些启示。

然而，教师的精力毕竟是有限的，这种方式用于所有学生、所有作文中，显然也是不现实的。根据笔者的研究实践，采用对话教学也是一种有效的举措。如：在授课中，抓住一切师与生对话教学的契机，进行适度点拨、引领与提升，实现与学生作文内容的对话、与学生心灵的对话，以及与学生生命的对话，使学生发现自己作文中存在的不足，掌握改进的方法。

此外，笔者简单阐明下师生互动评价中教师评价学生作文话语的艺术性。多用激励之语给学生希望，多给学生搭建作文进步的脚手架为其能力发展提供支撑，力戒泛泛而谈，面面俱到，蜻蜓点水，哪里也抓不实，学生面对一大堆的问题往往不知从何下手。要用学生喜闻乐见的形式，用温软的话语，说到学生的心里去。需指出问题时，先挑重大的问题来说，而那些细小或者暂时指出学生也不能领会或改进的问题暂可忽略。简言之，做到在简明而具体的评语中，实现作文评价的功能，保护好学生习作的兴趣和积极性，让学生获得习作成功的体验，增强习作的自信心。

2. 生生互评

功能主义认为，社会各要素要通过对话、沟通、彼此协调，相互依存，并协同合作，有秩序地为实现社会需要而发挥作用，共同维护社会稳定，在稳定中求发展。[①]

功能主义启发我们，教学要有一定的组织机构作为保障。小组合作学习是优势互补、资源共享的根本路径。

学生之间的互评，主要有两种做法。

第一，班级学生集中评某一篇、某几篇文章。要求教师先通览学生习作，对学生习作有大致的把握与了解后，对学生作文进行一定的分类，再通过展示有代表性的习作，让学生试着写评语或是从不同的角度发表对这篇习作的看法。可以是从某个段落、句子、词语入手指出其可借鉴或不足之处，

---

① 韩延明. 建立社会主义核心价值体系教育的有效运行机制 [J]. 山东社会科学，2012(10)：174-177.

可以是向作者提问或与作者进行辩论争鸣。通过这种形式，实现学生之间互相评价学习。

第二，不同小队间通过交换习作互评。队员阅读其他队的队员的习作，队员间采取分工合作的形式，轮流在其他同学的作文本上写评语，发表自己对所读作文的看法和建议，对评后的作文进行分类，最后上交。通过这些评价方式，让学生以评价主体的身份参与作文评阅，实现了多主体、多视角、多层次的学生互评。

生生互评，不仅提升了学生评作文的水平，还通过队员间的资源优势互补与迁移交互影响，实现了向同龄人不自觉地学习的功用。通过生生互评，学生不仅学会了借鉴他人的优点来弥补自己的不足，还激发出了学生强烈的评价兴趣和参与热情，是学生主体地位落实的体现，也为扭转学生习作"成人化"的评价起到了重要的作用。

3. 学生自评

小学生虽然心智发展尚未成熟，但是他们也有一定的自我监控能力，能够对自己进行监督和约束。在习作评价中笔者尝试让学生进行自我评价，成功唤醒学生"我要评"的意识，培养学生的作品意识，对自己的作品负责，使每个学生调动自己的全部身心参与到习作的评价活动中来。

阅读自己的习作，根据自身的能力做出评判，找出值得自豪的优点，也能发现其中的不足之处或是找出困扰自己的问题，在教师的帮助下解决自己在习作中的疑惑，获得肯定的同时也能够有所进步。

学生的自我评价对学生而言极为重要。它不仅是培养学生习作欣赏水平的方式之一，也是学生进行自我修改的基础。既然学生习作的首要修改者是学生本人，那么首要修改者是否具备评价习作的水平与能力也是至关重要的。

(二) 制定多元化的评价标准

对小学作文的评价不能采取"一刀切"的做法，应该根据不同学段的目标和要求，综合性地考查学生的习作水平，因而评价学生习作能力的标准也应该是多种多样的。

1. 评价标准不能局限于某个阶段或是某次测试的考场习作，要依据学习的进度和习作目的来进行调整，每次习作训练的选择都要有针对性和侧重点。不仅要关注学生每次习作的目标是否顺利达成，还要看学生连续几次习作练习是否呈现有梯度的进步趋势。

2. 对全体学生不能采用统一标准，要根据学生不同的习作能力制定多层次的评价标准，尊重学生间个体差异，进行分层次的习作评价。有的学生善于表达，习作能力较强，对这样的学生我们应该给予更高的要求，使他们在原有的习作基础上得到进一步的发展；对于习作能力相对较低的学生，我们不能以打压或否定的态度来排斥他们，要耐心地点拨和指导，制定稍低些的习作目标，让他们在完成习作目标的同时得到教师的肯定或鼓励，获得习作的信心。总之，要多几把衡量的尺子，以利于多些拥有习作成功体验的学生。

(三) 评价内容的多元化

教师在评阅作文时，要学会换位思考，不能总是以成人的眼光来审视学生作文的思想和情感，试着从学生的角度来评阅作文，尊重学生的认知和情感体验，不能求全责备。不要总是拿着范文的标准去衡量学生的作文，可以尝试从不同的角度来评价学生的作文，可以是学生的基础写作技巧，如学生的遣词造句，对字词运用的准确度等；也可以从作文的选材、立意和思想等内容进行考量，看有没有可取之处；还可以是作文的卷面是否整洁以及书写是否规范等，这些都可以成为作文评价的内容。

教师要学会放下挑剔的眼光，用欣赏的眼光来看待学生的作文，挖掘学生的写作潜力，增强学生写作的信心，让评价切实成为学生进步的梯子，而不是遏制学生潜能与发展的刀子。

(四) 对写作素材积累过程的评价

作文评价也可以从写作之前起就开始进行积极评价。

要想写出好的作文，就需要学生头脑里有充足的写作素材，因此平时要注重对写作材料的积累。作文评价时可以观察学生最近在读哪些书，积累过什么写作素材，他们又是通过什么渠道或方式来进行积累的，是摘抄还是做读书笔记等。这些教师都要予以关注，制定合理有效的评价方式，引导学生来搜集生活和学习中的写作材料。

遵循小学生的心理发展规律，结合作文教学的实践经验，可以引导学生采用三种非常重要的搜集写作素材的方法：第一，从观察视角出发，可以从网络信息、影视剧、广告词等方面充分获取写作素材；第二，从阅读图书入手，可以对语句进行分类摘抄整理，还可以写读后感；第三，教师推荐同龄人，尤其是同班同学的优秀习作进行示范，提供一些借鉴。

小学作文评价要想走向创新就必须坚持以学生发展为本的原则，由对"文"重视转变为对其背后的"人"的关注；由着眼于当前一次习作行为的成败放眼到对学生一生的习作发展需求的关注；由对分数的关注，转变为对学生写作兴趣的培养、个性发展、主体积极主动性发挥这些方面上来，创新小学作文评价机制，实现习作评价促进习作与学生发展的功能。

四、引导小学生养成良好的写作习惯

《义务教育语文课程标准（2011 年版）》也指出："要重视学生的写作兴趣和习惯，鼓励表达真情实意，鼓励有创意的表达。"[①]

在日常的小学作文教学中，教师更多的是关注学生写作技巧和写作方法的传授，而对学生写作习惯的培养却未有系统全面的提及。

置于语文课程标准基本理念之首的是"全面提高学生的语文素养"，这一素养并不是通过方法和技巧的训练而习得的，它需要在长期的语文实践中养成。因此，培养小学生良好写作习惯是语文素养提升的关键。

（一）学校及教师方面

学校不仅是学生学习知识的场所，更是良好习惯的养成之地。学校的文化环境、学习氛围、教师的教学方法、同伴的相互影响等都对学生良好习惯的养成有积极作用。

1. 学校环境

适宜的外部环境不仅使学生身心受到熏陶，能提高他们感受美的能力，还有助于他们形成良好的学习习惯。安静优美的校园环境，以及读风浓、写

---

① 中华人民共和国教育部 . 义务教育语文课程标准（2011 年版）[M]. 北京：北京师范大学出版社，2012.

风厚的班级、校园文化，都在无声地熏染着生活于其间的小学生们，让他们沉浸其中。而规范的学校与班级管理，又为学生良好习惯的形成，提供了制度层面的保障，培养了学生生活学习的好习惯，这样的习惯势必影响到学生良好写作习惯的养成。

2. 教师的素质

中国的语文教育改革，以至整个教育改革的命运，取决于第一线的教师在改革中的主体地位的真正确立，取决于他们的积极性、创造性的真正发挥，也取决于他们自身素质的真正提高。[①]

生本理念下的教学，特别强调教师的素质。"学高为师，身正为范"，教师不仅是知识的传递者，更是学生学习的榜样。

语文教师自身渊博的知识和高雅的人文修养更是学生模仿的对象。所以，要让学生形成良好的写作习惯，教师首先要从自身做起，做一个爱读书、勤于动笔的人，起到表率作用；其次，要及时更新教学理念，学习专业发展及所需知识，提升自身的综合素质，重视自身行为对学生的积极影响作用，"教""学"合一共同促进学生写作习惯的养成。

(二) 小学生自身方面

遗传素质是人的身心发展的前提，它为人的发展提供了可能，但是并不能决定人的发展。王安石的《伤仲永》就是很好的例子。在人的发展的后天因素中，良好的态度、积极的学习动机、良好的意志品质都是影响小学生良好写作习惯的因素。

1. 积极的学习动机

阿特金森把个体的成就动机分成了两类，即力求成功的动机和避免失败的动机。

力求成功者的目的是想要获取成功，他们通过各种活动努力来获得心理上的满足，而避免失败者则通过各种活动来避免自身的自尊心受到伤害。对小学生来说，表扬的力量远比批评的行为要好得多，可能一次作文写作的失败就会挫伤他们以后继续写作的热情。

美国心理学家奥苏伯尔把学校情境中的学习动机分为三个方面的内驱

---

① 管建刚. 我的作文教学革命 [M]. 福州：福建教育出版社，2010.

力，即认知内驱力、自我提高内驱力和附属内驱力。对于小学低年级的学生来说，表扬和夸赞可以很容易转化学习动机，而到了小学的高年级，学生更希望通过竞赛的方式获得认同感。

这就提示语文教师，在小学阶段要区分不同成长阶段学生的心理特点，及时组织学生能表现自我的活动，让他们展示自己的写作积累或创作，教师给予适时的表扬，激发他们的成功体验，让学生认识到写作水平的提高不是朝夕之事，从而持续保持写作习惯。

2. 良好的学习态度

学习态度是学生在学习生活中表现出来的一种较稳定的心理倾向。在日常的学习中会表现出一种对学习喜爱或厌恶的心态，这种情感成分是态度的核心，是学生学习中最重要的要素。要想培养小学生良好的写作习惯，学习态度的转变是关键环节。

小学生的情绪情感具有不稳定性，他们对一事物持续保持注意力的时间不长。假如强迫式地硬性要求，不但不能产生好的效果，还可能会引起他们的反感，以至于造成教育的失败。

常言道："兴趣是最好的老师。"在小学初级阶段，学生的兴趣还不稳定，比较笼统、易变，易对学习的形式感兴趣并从中获得满足，一些新颖的、形象的、具体的事物都会引起他们的关注。因此，语文教师不妨在写作习惯培养的过程中，多采取一些形式多样的方法，把学生的注意力和兴趣点集中于此。例如，利用网络日志、博客、微信、微博等虚拟的电子媒介形式让学生记录生活的点滴，就比纸质的媒介更能吸引学生的兴趣投射点。

在学生、老师和家长等共同的分享、互动中，享受写作带来的乐趣与新鲜，有利于学生持续保持写作的热情与积极性，有利于学生养成乐于习作的积极态度。

3. 良好的意志品质

坚强的意志能够使人在行动中百折不挠地克服困难并达到行动目的。小学低年级的学生还不能够自觉地、独立地提出行动的计划和目的，其自制力也处在较低的水平。因此，仅凭他们自身的自我约束力还远不能养成持续良好的写作习惯。因此教师要注意到小学生这一心理特点，在学习活动中，首先让学生认识到写作的重要性，明白写作是为了满足自身发展的需要，是表达方式之一；其次，要制订科学合理的学习计划和长效检查激励制度，督促学生作文积累和训练的完成，最终将这一行为内化成自觉的、良好的写作习惯。

(三) 家庭环境方面

家庭教育为个体的成长奠定了基础，家庭是孩子人生的第一所学校，不同家长的职业结构、文化水平、教养类型也是产生学生间个体差异的因素。

良好的家庭教育可以弥补学校教育的不足，若说教育是树人之本，那么家庭教育则是教育之源。由此可见家庭教育在学生成长中的重要作用，它与学生良好写作习惯的养成更是密不可分。

1. 家庭氛围

家庭教育与学校教育相比更有"优越性"。家庭成员间的教育不受时间、空间的影响，显现出"遇物则诲"的特点，同时家庭成员间的习惯也会相互感染。与学校教育有制度化的保障不同，家庭里的环境或多或少地呈现更轻松的特点。

源于此，学生在家庭中的行为习惯需要家长的监督管理。不可忽视的一点是，父母要为学生树立阅读和写作的榜样，让孩子在和谐乐观的氛围中体会写作的轻松与欢愉，潜移默化地影响学生习作习惯的养成。良好行为习惯的养成并非"一曝十寒"，父母可以使用成长记录袋的形式收集孩子不同年龄阶段的习作作品，在鼓励之中使之进行不间断的写作。

2. 教养方式

父母不仅是孩子法律意义上的"监护人"，更是现实生活中的"教育者"。家庭教育的目的不是给孩子辅导功课、监督作业、督促考高分，而是用春风化雨的方式启迪智慧，鼓励进取，培养良好的习惯。

受自身知识水平和职业关系的影响，家长对孩子采用的教养方式各不相同，但是，值得注意的是，越是民主的方式就越容易让孩子接受，也更利于孩子成长。

现实中，有的家长对孩子过于溺爱，往往造成孩子任性、懒惰的性格；导致作业不能按时完成、学习拖沓和坚持性差等不良习惯。家长要明确良好行为习惯养成的重要性，注重从小学低年级抓起，让孩子从养成规范书写汉字的习惯起，逐步促进他们良好写作习惯的养成。

结　束　语

　　笔者就长期以来小学语文教学中存在的一些现象展开思索与研究，并提出了改进小学语文教学的几点建议，希望从以下几个方面给语文教育工作者和一线语文教师提供一些建议。

(一) 激发学生动力，体验语言建构的乐趣

　　在小学阶段的语文学习实践中，低年级识字教学是语文积累的重点，学生在识字学习的过程中，形成了对汉字的初步认识体验过程，形成了对字义、词义的初步理解和认识的体验过程，形成了对语言的初步建构形式的认识体验过程，而这一过程的激发是建立在学生的主体性得到有效激发的基础之上的。

(二) 促进学生体验，感受对语言文化的理解

　　学生体验是我们在教学实践中，激发学生的主体性，提高学生学习参与的有效性。在积极的学习实践中，引导学生形成对语言文化的形象理解和认识体验的过程，在有效地理解和体验过程中感受汉语言文化的魅力。在学生的生动体验中，激发学生的交流互动，在沟通、交流、互动的学习实践中，能提高学生对汉语言的文化理解能力。

(三) 推动活动交流，引导思维审美发展

　　语言是人们交际的工具，在交际过程中，能够有效地展示学生的思维和审美能力。我们要推动学生的互动交流，让学生在学习过程中积极地行动起来，主动地开展学习和交流，在思维与思维的碰撞中，绽放出智慧的花朵，引导学生的审美发展。

　　总之，以核心素养为基础的小学语文生本教学，应以有效激发学生的主体地位为基础，在学生的自主、合作、交流过程中逐步实现沟通，并逐渐

体现出来，在丰富学习体验和心理体验的过程之中，促使学生的语文核心素养得到有效的发展和提高。

笔者深知，由于水平能力有限，尚不能就小学语文教学现状中存在的问题给出极具推广价值的理论与经验，仅就现状中存在的问题，提出了几点可供教学选择的策略。笔者将在今后的小学作文教学中继续深化对这些问题的研究与实践。对于文中的不妥之处，敬请各位专家学者批评指正。

参 考 文 献

著作类文献：

[1] 卢梭.爱弥尔——论教育：上卷 [M].李平沤，译.北京：商务印书馆，1978.

[2] 王炳照，郭齐家，刘德华，等.简明中国教育史 [M].修订版.北京：北京师范大学出版社，1992.

[3] 李其龙.德国教学论流派 [M].西安：陕西人民教育出版社，1993.

[4] 联合国教科文组织总部.教育——财富蕴藏其中 [M].国际21世纪教育委员会联合国教科文组织总部中文科，译.北京：教育科学出版社，1996.

[5] 袁贵仁.马克思的人学思想 [M].北京：北京师范大学出版社，1996.

[6] 董宝良，周洪宇.中国近现代教育思潮与流派 [M].北京：人民教育出版社，1997.

[7] 彭加勒.科学与假设 [M].叶蕴理，译.北京：商务印书馆，1997.

[8] 叶澜.教育理论与学校实践 [M].北京：高等教育出版社，2000.

[9] 郭思乐.教育走向生本 [M].北京：人民教育出版社，2001.

[10] 和学新.主体性教学论 [M].兰州：甘肃教育出版社，2001.

[11] 埃德加·莫兰.复杂思想：自觉的科学 [M].陈一壮，译.北京：北京大学出版社，2001.

[12] 钟启泉.班级管理论 [M].上海：上海教育出版社，2001.

[13] 施良方.学习论 [M].北京：人民教育出版社，2001.

[14] 毕淑芝，王义高.当代外国教育思想研究 [M].北京：人民教育出版社，2002.

[15] 埃德加·莫兰.方法：思想观念——生境、生命、习性与组织 [M].秦海鹰，译.北京：北京大学出版社，2002.

[16] 王鉴.实践教学论 [M].兰州：甘肃教育出版社，2002.

[17] 范捷平.德国教育思想概论 [M].上海：上海译文出版社，2003.

[18] 陈桂生.教育实话 [M].上海：华东师范大学出版社，2003.

[19] 王晓东.西方哲学主体间性理论批判：一种形态学视野 [M].北京：中国社会科学出版社，2004.

[20] 张万兴.促进学生的主体性发展 [M].北京：中央民族大学出版社，2004.

[21] 哈贝马斯.行为合理性与社会合理化 [M].曹卫东，译.上海：上海人民出版社，2004.

[22] 王道俊，郭文安.主体教育论 [M].北京：人民教育出版社，2005.

[23] 裴娣娜.现代教学论：第一卷 [M].北京：人民教育出版社，2005.

[24] 人民教育编辑部.21 世纪初教育新理念 [M].北京：高等教育出版社，2005.

[25] 邓安庆.世界思想文化名著精读丛书：哲学卷 [M].广州：花城出版社，2006.

[26] 黄欣荣.复杂性科学的方法论研究 [M].重庆：重庆大学出版社，2006.

[27] 陈晓端.当代教学理论与实践问题研究 [M].北京：中国社会科学出版社，2007.

[28] 金生铉.教育：思想与对话（第 2 辑）[M].北京：教育科学出版社，2007.

[29] 吴亚萍，王芳.备课的变革 [M].北京：教育科学出版社，2007.

[30] 陈桂生.教育闲评 [M].上海：华东师范大学出版社，2007.

[31] 张斌贤.外国教育思想史 [M].北京：高等教育出版社，2007.

[32] 郝经春.教师必读的外国教育名著导读 [M].长春：吉林大学出版社，2007.

[33] 肖川.教育的力量 [M].长沙：湖南教育出版社，2008.

[34] 唐爱民.当代西方教育思潮 [M].济南：山东人民出版社，2010.

[35] 常华锋，朱莉.生本教学研究 [M].北京：首都师范大学出版社，2011.

期刊类文献：

[1] 王芳 . 基于核心素养视角下的小学语文阅读教学探析 [J]. 才智，2019(27)：136.

[2] 吕飒 . 谈小学生语文核心素养的培养 [J]. 中国校外教育，2019（29）：107-108.

[3] 张继平 . 核心素养下小学语文生本课堂的构建 [A]. 中国教育发展战略学会论文集卷三——教改新视野 [C]. 中国教育发展战略学会教育教学创新专业委员会，2018：2.

[4] 谷志平 . 关于小学语文生本课堂的几点思考 [J]. 教育实践与研究（A），2018(02)：49-51.

[5] 路艳 . 小学语文古诗教学方法探析 [J]. 教育观察，2017，6（18）：63-64.

[6] 韩世媛 . 小学语文古诗教学新探 [J]. 语文教学通讯·D 刊（学术刊），2017(06)：45-46.

[7] 熊军，吴景清，陈贤章 . 实施生本教育两个基础性问题的做法 [J]. 江西教育，2017(14)：38-40.

[8] 常小红 . 基于生本理念的小学语文写作教学研究 [A]. 北京中教智创信息技术研究院 . 新课改背景下课堂教学方法与手段的有效性研究科研成果集（第四卷）[C]. 北京中教智创信息技术研究院：北京中教智创信息技术研究院，2017：9.

[9] 黄碧茹 . 生本理念在小学语文写作教学中的应用 [J]. 课程教育研究，2017(05)：103-104.

[10] 冯丽莉 . 浅谈语文核心素养理念下的课后作业设计 [J]. 内蒙古教育，2016(36)：7.

[11] 袁晶 . 生本教育理念下小学语文阅读教学思考 [A]. 新教育时代（2015 年 11 月 总第 4 辑）[C]. 天津电子出版社有限公司，2015：1.

[12] 孔凡东，刘宗芹 . 如何做好生本理念下的小学语文阅读教学 [J]. 赤子（上中旬），2015(16)：259.

[13] 魏本亚 . 语文生本课堂教学模式探索 [J]. 语文建设，2015（16）：

26-28.

[14] 张钧.当代语文教学研究范式的形态、困境与突破 [J].教学与管理，2014(33)：105-107.

[15] 谢巧兰.生本理念下的小学语文阅读教学 [J].教育教学论坛，2014(12)：201-202.

[16] 胡丽华.寻找文本解读的"心法"——提升语文教师的核心素养 [J].现代阅读 (教育版)，2013(09)：98-99.

[17] 张爽.论马克思人的全面发展思想及时代意义 [J].河南科技，2011(16)：14.

[18] 王晓杰.马克思人的全面发展思想的时代诠释 [J].马克思主义与现实，2008(03)：120-122.

[19] 杨旸.关于生本教育几个基础性问题的探讨 [J].江西教育科研，2007(02)：15-16.

[20] 朱小蔓.教育与生本教育——在一次研讨会上的报告 [J].现代教育论丛，2007(01)：10-12.

[21] 邵晓枫，廖其发."以学生为本"教育理念内涵的解读 [J].中国教育学刊，2006(03)：3-5+9.

[22] 卢建筠.生本教育实验假说之研究 [J].当代教育论坛，2005(05)：32-34.

[23] 陈晓端.当代教学范式研究 [J].陕西师范大学学报 (哲学社会科学版)，2004(05)：113-118.

[24] 高广方.生本教育的理论意义和实践价值——《教育走向生本》北京研讨会述评 [J].课程.教材.教法，2003(04)：22-24.

[25] 蔡克勇.以学生全面发展为本——一个重要的教育理念及教育改革 [J].高等教育研究，2000(05)：11-15.